Fellmann
Die Angst des Ethiklehrers
vor der Klasse

Ferdinand Fellmann

Die Angst des Ethiklehrers vor der Klasse

Ist Moral lehrbar?

Philipp Reclam jun. Stuttgart

Universal-Bibliothek Nr. 18033
Alle Rechte vorbehalten
© 2000 Philipp Reclam jun. GmbH & Co., Stuttgart
Gesamtherstellung: Reclam, Ditzingen. Printed in Germany 2000
RECLAM und UNIVERSAL-BIBLIOTHEK sind eingetragene Marken
der Philipp Reclam jun. GmbH & Co., Stuttgart
ISBN 3-15-018033-3

Inhalt

Was die Leser erwartet 9

1. Kapitel
Die Klasse stellt den Ethiklehrer vor neue
 Fragen 25

2. Kapitel
Die Faszination des Bösen und der
 Nutzen, den der Ethiklehrer daraus
 ziehen kann 52

3. Kapitel
Lust auf Moral. Metamorphosen
 des Hedonismus. 77

4. Kapitel
Auch in der Moral ist nichts so erfolgreich
 wie der Erfolg 107

5. Kapitel
Klassenfahrt mit Schiffbruch. Die sozialen
 Grundlagen der Moral. 134

Literaturhinweise. 159

Zum Autor 163

Diese »so daß«, »weil« und »damit« waren die Vorschriften; er beschloß, sie zu vermeiden.

>   Peter Handke, *Die Angst des Tormanns beim Elfmeter*

Was die Leser erwartet

Was den ›geneigten Leser‹ – heute sagt man wohl besser: die Leserin und den Leser – erwartet, ist ein philosophisches Gedankenexperiment. Statt, wie üblich, eine ethische Theorie zu entwickeln, deren Anwendung den anderen überlassen bleibt, erzähle ich die Geschichte eines Ethiklehrers, der auf die Frage, ob Moral lehrbar ist, eine Antwort sucht. Es ist eine Geschichte besonderer Art, die ausschließlich von Ereignissen handelt, die sich im Kopf des Ethiklehrers – es kann auch eine Lehrerin sein – abspielen. Ich stelle mir vor: Der Ethiklehrer denkt an das neue Schuljahr, in dem »antike Tugendethik« auf dem Lehrplan steht. Platon und Aristoteles hat er an der Universität ›gemacht‹ – aber wird er seinen Stoff ›rüberbringen‹ können? Und wo bleibt die Moral? Seine Gedanken kreisen um die Idee der Moralität, deren Klärung ihm Kopfzerbrechen bereitet. Denn wir alle erfahren das Moralische in unserem Inneren als ›Gewissen‹, aber sobald wir sagen sollen, worin das Gewissen besteht bzw. woraus es sich zusammensetzt, kommen wir in Verlegenheit.

Nur so viel ist klar: Das Gewissen setzt sich aus Erkenntnis und Gefühl zusammen, und diese Zusammensetzung ist es, die dem Ethiklehrer das Unterrichten schwer macht. Denn es genügt offenbar nicht, den Schülern ethische Theorie in Form von Klassikern anzubieten. Soll die Theorie die Schüler doch dazu motivieren, ihr Leben zu meistern. Nur wenn sich die Schüler das Wissen emotional aneignen und in Verhalten umsetzen, ist Ethikunterricht an Schulen überhaupt sinnvoll. Ähnlich verhält es sich mit dem Fach Religion. Nur hat es der Religionslehrer leichter, da er davon ausgehen kann, dass das Wissen, das er vermittelt, auf den fruchtbaren Boden eines in der Regel schon vorhandenen Glaubens fällt. Der Ethiklehrer hingegen muss mit dem Wissen zugleich die Einsicht vermitteln, ohne sich auf traditionell gefestigte Wertvorstellungen verlassen zu können.

Wie schwer es fällt, im Ethikunterricht durch Wissensvermittlung auf das Verhalten einzuwirken, belegen die Vorbehalte gegenüber dem Fach. Nicht wenige Schüler und Eltern betrachten Ethik als überflüssiges Fach, da es den Anschein folgenlosen Geredes über unerfüllbare Normen und weltfremde Gebote erweckt. Und die Lehrer tragen schwer an der Diskrepanz zwischen dem, was sie an der Universität gelernt haben und der Lebenswirklichkeit der Schüler, mit der sie im Unterricht konfrontiert werden. Wenn sich der Unterricht nicht, wie in den Lehrplänen vorgesehen, auf einen Kursus der Geschichte der ethischen Theorien von Aristoteles bis zur Gegenwart beschränken soll, muss es dem Lehrer gelingen, die Wissensfragen in Gewissensfragen umzusetzen. Wie kann er beispielsweise Kants »Kategorischen Imperativ« Schülern nahe bringen, von denen die meisten die Gesellschaft als moralisch verkehrte Welt erleben? Eine schwer zu beantwortende Frage, auf die es keine theoretische Antwort gibt.

Nun gehört der Abstand zwischen Theorie und Praxis zu den Erfahrungen, die keinem Lehrer erspart bleiben. Hier hilft normalerweise die Didaktik, die im jungen Fach Ethik allerdings noch nicht so weit ausgebildet ist wie in den klassischen Schulfächern. Außerdem liegen in der Ethik die Dinge prinzipiell anders, so dass von der Didaktik auch in Zukunft keine Wunder zu erwarten sind. Denn im Ethikunterricht geht es nicht nur um die Frage, wie man Kindern theoretisches Wissen vermitteln kann, sondern um die Einheit von Theorie und Praxis.

Die Frage betrifft den Kern der ethischen Reflexion selbst. Daher ist meine Geschichte – sofern es erlaubt ist, eine Gedankenentwicklung als Geschichte zu bezeichnen – kein Beitrag zur Didaktik der Ethik, jedenfalls nicht so, wie man Didaktik üblicherweise auffasst. Sie versucht vielmehr zu klären, was Ethik überhaupt will und kann. Die wissenschaftliche Ethik, wie sie an Universitäten betrieben wird, bleibt eine überzeugende Antwort schuldig. Aufschluss gibt nur der Ethikunterricht an den Schulen, da hier das Wissen auch am Verhalten der Schüler überprüft werden kann.

Hier drängt sich der verführerische Gedanke auf, im Ethikunterricht die Theorie stark einzuschränken oder sogar zugunsten der Praxis ganz auf sie zu verzichten. Aber wie soll das konkret aussehen? Man kann mit Schülern nicht so umgehen wie mit seinen Freunden, mit denen man sich nächtelang über Beziehungsprobleme unterhält. Kommunikationsmodelle, die gruppentherapeutischen Charakter besitzen und die sich in bestimmten Kreisen der Erwachsenenbildung besonderer Beliebtheit erfreuen, eignen sich für den Ethikunterricht an Schulen nicht. Für den Lehrer ist die Gefahr zu groß, dabei in die Nähe des Psychologen, des Arztes oder gar des Beichtvaters zu geraten – gefährliche Rollen, die den Rahmen des normalen Schulbetriebs sprengen. Ethikunterricht ist keine Therapie, deren Wirksamkeit auf tiefenpsychologischen Analysetechniken beruht, die Lehrer wie Schüler überfordern würden. Auch das sokratische Gespräch kommt nur bedingt für den Unterricht in Betracht, da es ursprünglich ein erotisches Verhältnis zwischen Lehrer und Schüler voraussetzt. Das mag unter den Lebensbedingungen der Antike sinnvoll gewesen sein, in den öffentlichen Schulen unserer Zeit aber hat es keinen Platz. Ethiklehrer können und dürfen nicht die Rolle von Gurus spielen, da es in der Schule um Erziehung und nicht um Verführung geht.

Der Ethiklehrer befindet sich demnach in einer überaus schwierigen Lage: Auf der einen Seite leidet er Not, die wissenschaftlichen Theorien in die Praxis umzusetzen, d. h. die Schüler dazu zu bringen, moralisch zu handeln. Auf der anderen Seite sind ihm die Wege versperrt, die er im Umgang mit erwachsenen Partnern oder Freunden beschreiten könnte. Gibt es einen Ausweg aus diesem Dilemma? Und wenn es einen Ausweg gibt, wenn also Moral lehrbar ist, was folgt daraus für die Idee der wissenschaftlichen Ethik selbst?

Bevor ich weiter darüber nachdenke, muss ich einen gewichtigen Einwand abweisen. So vertritt Ludwig Wittgenstein den Standpunkt, über das Ethische lasse sich nicht sinnvoll reden, da die Welt an sich weder gut noch böse sei. »All dem Geschwätz über Ethik« solle man daher ein Ende machen, bleibe es doch ein vergebliches »Anrennen gegen die Grenze der Sprache« (WWK 68 f.). Die Skepsis gegenüber der Ethik ist weit verbreitet und kann auf eine lange Tradition zurückblicken. Arthur Schopenhauer beispielsweise erinnert an das sokratische Diktum, dass Tugend nicht lehrbar sei, und hält daher eine Pflichtenlehre für sinnlos (WWV 1,375). Das hindert ihn allerdings nicht daran, zwischen gut und böse zu unterscheiden und eine Wertethik zu entwickeln. Man sieht also, dass Aufforderungen zum Verzicht auf Ethik zwar Eindruck machen, das Bedürfnis der Menschen nach moralischer Orientierung aber nicht aus der Welt schaffen. In dieser Situation hilft nur eins: Die ethische Theorie selbst muss eine andere werden.

Das ist freilich leichter gesagt als getan. Denn was kann die wissenschaftliche Ethik anderes tun, als nach rationalen Begründungen moralischer Normen zu suchen? Das ist zweifellos eine wichtige Aufgabe, die aber nicht das ganze Feld der ethischen Reflexion abdeckt. Denn bevor man an die Normenbegründung geht, muss geklärt werden, was eine moralische Norm ist bzw. wie sie von den Menschen erfahren wird. Die erste Aufgabe der Ethik liegt demnach in einer Phänomenologie des Sollens, das zu den rätselhaften und noch nicht hinreichend analysierten Zuständen des menschlichen Bewusstseins gehört. Moralische Verpflichtung erfahren wir als inneren Zwang, der sich aber vom Zwang der Bedürfnisse durch freie Zustimmung unterscheidet. Wie kommt es zu dieser Art des freiwilligen Zwangs? Solange darüber keine Klarheit besteht, hängen die Formulierungen universaler Handlungsnormen und deren Begründung in der Luft. Betrachtet man die Geschichte der wissenschaftlichen Ethik, so kann man sich allerdings des Eindrucks nicht erwehren, dass sie die gelebte Moral durch Fixierung auf Begründungsprobleme immer mehr aus den Augen verloren hat. Der eigentliche Gegenstand der ethischen Theorie, das moralische Bewusstsein, ist ein vieldeutiges Gebilde, das die natürlichen und gesellschaftlichen Wirklichkeiten umfasst, die sich nicht in das enge Korsett von abstrakten Normen zwängen lassen.

An dieser Stelle ist erneut mit einem Einwand zu rechnen: Wenn die Ethik die Lebenswirklichkeiten thematisieren soll, worin unterscheidet sie sich dann von den Wissenschaften vom Menschen? Die menschlichen Lebensbedingungen und Lebensformen sind Gegenstand der Biologie, der Psychologie, der Soziologie, der Ökonomie usw. Im 19. Jahrhundert hat man daher versucht, Ethik durch empirische »Moralwissenschaft« zu ersetzen. Dabei entsteht allerdings die Schwierigkeit, wie sich moralische Normen aus sozialen Verhältnissen ableiten und begründen lassen. Ihre Entstehung sagt nämlich noch nichts über ihre Geltung. Man würde einen so genannten »naturalistischen Fehlschluss« begehen, wenn man aus einem Sein auf ein Sollen schließen wollte. Aber es wäre ebenso ein Fehler, sich auf einen Formalismus zurückzuziehen, der nur logische Prinzipien (z. B. die Widerspruchsfreiheit) als Fundament normativer Aussagen zulässt. Denn die Geltung eines moralischen Gebots unterscheidet sich von der eines mathematischen Satzes dadurch, dass sein Inhalt zugleich die Forderung nach Verwirklichung im Handeln stellt. Wenn man das moralische Bewusstsein von den konkreten Bedingungen seiner Verwirklichung abschnürt, verliert es an Kraft und wird zum Phantom, das nur in akademischen Zirkeln für die Wirklichkeit gehalten wird.

Die Ethik kommt daher nicht umhin, die Lebenswirklichkeit in ihre Betrachtung einzubeziehen. Sie unterscheidet sich aber von den oben genannten Fachwissenschaften durch den besonderen Standpunkt, von dem aus sie die Wirklichkeit betrachtet. Es ist der Standpunkt des menschlichen Selbstverständnisses, der individuellen Selbstbilder, von denen wir uns im Handeln leiten lassen. Moralisches Bewusstsein, so könnte man auch sagen, ist die Wirklichkeit, gesehen durch das Auge der ersten Person, die sich in ihren Handlungen selbst erkennt. Das Selbstverständnis verwandelt das Wissen über die Lebenswirklichkeit in moralisches Bewusstsein, in dem wir gleichursprünglich mit unserem Sein das Sollen als Differenz erleben, die im normalen Sprachgebrauch »Gewissen« heißt.

Das moralische Bewusstsein ist also ein durchaus eigenständiges Phänomen, das reicher ist als das theoretische Selbstbewusstsein, das René Descartes »Cogito« genannt hat. Es lässt sich aber nur indirekt beschreiben, indem man die beiden Grenzen angibt, zwischen denen es sich bewegt. Die untere Grenze bilden die individuellen und sozialen Lebensbedingungen, die sich durch moralische Gebote nicht beliebig verändern lassen. Diese Einsicht hat nichts mit Determinismus zu tun, sondern berücksichtigt lediglich die Tatsache, dass individuelle Veranlagungen und soziale Verhältnisse mit darüber entscheiden, was jemand in moralischer Hinsicht leisten kann und was nicht. Kein Mensch kann seine Neigungen und Wünsche auf Dauer unterdrücken, ebenso wenig wie er als Einzelner in der Lage ist, die ökonomischen und gesellschaftlichen Gegebenheiten außer Kraft zu setzen. Der Wille nimmt die Wirklichkeiten primär als Widerstände wahr, an denen das moralische Bewusstsein sich heranbildet.

Daraus ergibt sich ein erster Maßstab für das Ethische: Moralische Verpflichtungen müssen von den Menschen als angemessene Antworten auf die Lebensumstände erlebt werden. Eine Ethik, deren Normen sich über die Lebensbedingungen großzügig hinwegsetzen, ist zum Scheitern verurteilt. Kants bekannter Machtspruch: »Du kannst, denn du sollst!« verdeckt die Schäden und Konflikte, die entstehen können, wenn man das Sollen an einen reinen Vernunftbegriff knüpft und unterschlägt, dass der Mensch als sinnlich-geistiges Wesen verletzlich ist – verletzlich auch durch die Forderungen, die wir an uns selbst stellen. Das führt zum Konflikt zwischen Pflicht und Neigung, dessen Paradoxie Friedrich Schiller in seinem bekannten Distichon zum Ausdruck gebracht hat:

»Gerne dien ich den Freunden, doch tu ich es leider
mit Neigung,
Und so wurmt mir oft, dass ich nicht tugendhaft
bin.«

Die Moralität erfährt der Handelnde aber noch von einer anderen Seite, nämlich als unbedingte Wahl. Hier verläuft die obere Grenze des Ethischen, die ebenso unverrückbar ist wie die untere. Die Absolutheit des Willens, für deren Erfüllung mancher sein Leben zu opfern bereit ist, leitet sich nicht aus Werten ab, die als Ideen gleichsam über den Wassern der Lebenswirklichkeit schweben. Dagegen spricht die Art, wie wir unser moralisches Wollen erleben. Nicht als klare und deutliche Erkenntnis, sondern als starkes Gefühl, das einen gewissen Eigensinn hat, der sich bis zur Rechthaberei steigern kann. Hier liegt die Quelle des moralischen Rigorismus, den man oft bei jungen Menschen beobachten kann. Sie haben kein Verständnis für die Gelassenheit, mit der Erwachsene auf unhaltbare Zustände reagieren, die sie nicht ändern können. Der junge Mensch gibt sich damit nicht zufrieden, da er sein Selbstwertgefühl aus einer Entscheidung bezieht, die sich auf Kompromisse nicht einlässt. Die Entscheidung hat den Charakter eines Absoluten, das mit der Person verbunden ist und sich nicht objektivieren lässt, ohne dass der Mensch sich selbst aufgibt: »Hier stehe ich und kann nicht anders«. In der personalen Selbstbehauptung, die auf die Folgen des Tuns häufig keine Rücksicht nimmt, liegt der zweite Maßstab für das Ethische. Er besagt, dass moralische Werte nur dann anerkannt werden, wenn sie den Idealen der individuellen Person entsprechen.

Damit sind die Grenzen abgesteckt, innerhalb derer sich das moralische Bewusstsein entwickelt. Das Problem ist also nicht die Kluft zwischen Sein und Sollen, sondern die Differenz zwischen Können und Wollen, die in unserem Selbstbewusstsein einen Widerstreit auslöst. Den Widerstreit erfahren wir als innere Spannung, die im Sollen ihren Ausdruck findet. Moralische Verpflichtung bildet somit eine Erlebnisganzheit, die nach gestaltpsychologischer Lehre mehr ist als die Summe der Teile. Die bildende Kunst liefert dafür eine Parallele: Das Mehr, das den ästhetischen Wert eines Kunstwerks ausmacht, liegt im Verhältnis der Teile zueinander, in der Komposition. Auf das moralische Bewusstsein übertragen heißt das: Sollen resultiert aus dem Bestreben, in jeder einzelnen Handlung dem Selbstbild als verpflichtendem Ganzen gerecht zu werden.

Der französische Lebensphilosoph Henri Bergson hat den Ursprung des moralischen Sollens in die Formel gefasst: »das Ganze der Verpflichtung« (MR 264). Und der Begründer der sprachanalytischen Ethik, der englische Philosoph George Edward Moore, hat etwa zur gleichen Zeit das Prinzip der »organischen Ganzheit« in die ethische Theorie eingeführt. Er sieht darin einen Weg, den von ihm kritisierten naturalistischen Fehlschluss zu vermeiden, ohne zur Existenz überzeitlicher Werte Zuflucht zu nehmen. Die menschliche Existenz ist laut Moore nicht in Einzelhandlungen zerlegbar, aber auch nicht völlig strukturlos. Sie lässt sich nur aus der immer neu zu bestätigenden Einheit eines Lebenszusammenhangs verständlich machen, die der Einzelne als personale Identität erlebt.

Mit dieser Einsicht ist der theoretische Rahmen abgesteckt, in dem sich die moralische Verpflichtung bewegt. Natürlich sind damit die Probleme der wissenschaftlichen Ethik, mit denen sich die Philosophen seit Jahrtausenden beschäftigen, nicht gelöst. Aber es ist eine notwendige Bedingung genannt, unter der ethische Theorie möglich wird, nämlich ihre Umsetzbarkeit in personales Wissen. Selbst Immanuel Kant hat den »Kategorischen Imperativ« als »Faktum der Vernunft« bezeichnet. Ein Faktum aber kann man weder begründen noch deduzieren, sondern man kann nur beschreiben und erzählen, wie es dazu gekommen ist. Genau das werde ich tun; zuvor sind aber noch einige Erläuterungen hinzuzufügen, um die Glaubhaftigkeit meiner Geschichte zu erhöhen.

Die Ableitung der moralischen Verpflichtung aus dem Lebenszusammenhang mag den Eindruck erwecken, es solle einem affirmativen Charakter der Ethik das Wort geredet werden. Das Gegenteil ist der Fall. Zwar erlebt sich jeder Mensch als Teil der Gesellschaft, er fühlt sich zugleich aber als Individuum, dem die Möglichkeit offen steht, auf Distanz zu gehen. Hier liegt der Grund für die Unterscheidung zwischen Individual- und Sozialmoral. Die Unterscheidung erfordert vom Einzelnen eine realistische Einschätzung seiner Stellung in der Gesellschaft. Diese Einschätzung fällt nicht immer leicht, da wir eine gewisse natürliche Scheu haben, unserem eignen Bild offen ins Auge zu sehen. Dazu bedarf es einer Schule der Selbsterfahrung, die nichts mit narzisstischer Nabelschau zu tun hat, sondern darauf abzielt, die wiederkehrenden Muster unseres Verhaltens zu erkennen. Daraus entsteht ein Orientierungswissen, das immer dann einspringt, wenn wir urteilen müssen, ohne dass uns objektive Kriterien zur Verfügung stehen. Orientierungswissen hat viel mit Urteilskraft zu tun, so dass es sich einer Kodifizierung in Lehrbüchern weitgehend entzieht.

Die personale Auffassung der Ethik sehe ich durch die Art bestätigt, wie wir auf längere Sicht unser moralisches Urteil über andere Menschen bilden. Statt einzelne Handlungen an Normen zu überprüfen, wie es ein Richter tut, betrachten wir immer den ganzen Menschen. Das führt zu einer besonderen Art von Einsicht, die traditionell »intuitiv« genannt wird. Die Intuition, die wir brauchen, um die moralische Qualität eines Menschen in den Blick zu bekommen, hat aber nichts mit mystischer

Schau zu tun, wohl aber etwas mit Gespür. Nicht jedem Lehrer ist ein solches Gespür gegeben. Es besteht in der Fähigkeit, den Schüler nicht ausschließlich nach punktuellen Handlungen oder Leistungen zu beurteilen, sondern in ihm schon die Persönlichkeit zu sehen, die sich noch entwickelt. Ständig ist der Lehrer darauf angewiesen, seinen Schülern moralischen Kredit zu geben und somit die Stücke zu ergänzen, die dem Bild zu seiner Ganzheit noch fehlen. Das setzt Menschenkenntnis und vor allem Menschenliebe voraus. Denn wo der Kredit verspielt wird, müssen Vergebung und Hoffnung auf Besserung einspringen. Wichtig ist aber Umsicht bei der Vergabe: Zu viel Kredit verleitet die Schüler zur Selbstüberschätzung, zu wenig führt zu ihrer Entmutigung.

Was für den Lehrer im Umgang mit seiner Klasse gilt, das sollte er auch seinen Schülern als Maßstab für ihr eigenes Verhalten vermitteln. Auch unter Schülern spielen elementare Sozialverhältnisse eine Rolle, die sich spontan in Sympathie oder Antipathie äußern. Das hängt oft von Äußerlichkeiten wie Aussehen oder Stimme ab. Zwar wird im Ethikunterricht ungern davon gesprochen, doch kann kein Zweifel darüber bestehen, dass moralische Urteile stark von persönlichen Vorlieben und Abneigungen geprägt sind. Um dies klar zu erkennen, müssen die Schüler lernen, sich selbst von außen zu sehen. Sie sollen erkennen, dass ihre Wertungen immer ein Spiegel ihrer eigenen Erwartungen und Enttäuschungen sind. Hier ist es wieder der Standpunkt der ersten Person, der eine besondere Form der Selbsterfahrung erfordert, die sichtbar macht, was unser Gewissen uns nur dunkel empfinden lässt – nämlich was es heißt, moralisches Subjekt zu sein, das sich nicht nur gegenüber den anderen, sondern auch gegenüber sich selbst durch sein Verhalten zu rechtfertigen hat.

Man würde meinen Versuch, die ethische Theorie vom Selbstverständnis des Menschen her aufzuziehen, missverstehen, wenn man ihn als Verabschiedung der Theorie interpretierte. Schon Kant hat in seinen Reflexionen *Über den Gemeinspruch: Das mag in der Theorie richtig sein, taugt aber nicht für die Praxis* darauf aufmerksam gemacht, dass praktische Untauglichkeit oft nur auf einen Mangel der Theorie selbst zurückzuführen sei. Eine gute ethische Theorie, so möchte ich behaupten, zeichnet sich dadurch aus, dass sie es versteht, moralische Begriffe aus der Perspektive der ersten Person zu erläutern und zu deuten. Ich erzähle daher die Stationen eines Weges, die der Ethiklehrer mit seiner Klasse durchlaufen hat und auf dem es ihm gelungen ist, der wissenschaftlichen Ethik, wie er sie auf der Universität gelernt hat, neues Leben einzuhauchen.

Die erste Station liegt in einer Umformulierung der klassischen Frage der Ethik, wie sie Kant gestellt hat: »Was soll ich tun?« Denn Handlungsnormen, die auf diese Frage antworten, überzeugen nur, wenn sie auf den Lebenszusammenhang im Ganzen bezogen werden. Die Ethik des Handelns muss in eine Ethik des Geschehens eingebettet werden, die berücksichtigt, wie es dem Empfinden der Schüler nach in der Welt zugehen müsste. Die neuen Fragen, die den engen Horizont der normativen Ethik durchbrechen, zielen daher auf die Aufdeckung der Wirklichkeit, in der die Schüler leben.

Mit den neuen Fragen im Kopf fühlt sich der Lehrer gut gerüstet für drei Themen, die ihn seit langem beschäftigen, mit denen sich die wissenschaftliche Ethik in der Regel aber nur ungern abgibt: das Böse, die Lust und der Erfolg. Der Mensch knüpft immer an Vorhandenes an, er ist nie ein unbeschriebenes Blatt. Das gilt auch für das moralische Bewusstsein. Was ein Blick in unser Inneres erkennen lässt, ist das Böse in seinen vielfältigen Erscheinungsformen von der Feigheit bis zur Grausamkeit. Auch und gerade die Schüler machen heutzutage schon in der Klasse Bekanntschaft mit dem Bösen in Form der Gewalt, die immer häufiger kriminelle Formen annimmt. Mit Appellen gegen Gewalt aber ist es nicht getan. Die Ethik hat vielmehr der Faszination nachzugehen, die das Böse schon auf junge Menschen ausübt. Denn mehr als das Gute verweist das Böse auf die Erfahrung der Freiheit im Tun und Lassen der Menschen. Die Beschreibung und Analyse des Bösen macht langwierige und langweilige theoretische Erörterungen über Freiheit und Determinismus überflüssig. Denn moralische Freiheit findet im Kampf zwischen Gut und Böse ihren praktischen Beweis.

Die Lehre vom Bösen als Vorschule des Guten führt zwanglos zum Thema Lust. Die akademische Ethik drückt sich allerdings vor der Berührung mit der Lust meist dadurch, dass sie die Aufmerksamkeit auf die Begriffe »Glück« und »Glückseligkeit« konzentriert. Aber die Lust, die wie das Böse in vielfältigen Verkleidungen auftritt, ist eine Realität, deren moralische Dimension seit der Antike ständig an Bedeutung gewonnen hat. Im Zeitalter der Erlebnisgesellschaft ist Lust geradezu zum Leitbegriff guten Lebens aufgerückt, so dass sich heute niemand mehr seiner Lust wegen zu schämen braucht. Trotzdem bleibt die Lust als das intimste Gefühl unserer Existenz schutzbedürftig, so dass man an der Geschichte des Lustbegriffs die Entstehung des moralischen Bewusstseins verfolgen kann. Die moralische Dimension der Lust erschließt sich allerdings erst dann, wenn man Lust nicht nur als dominierendes Motiv menschlichen Handelns anerkennt, sondern berücksichtigt, dass die moralische Reflexion selbst eine besondere Form der

Lust darstellen kann: Wer sich vorstellt, dass das, was er liebt, erhalten bleibt, wird sich freuen – so ungefähr heißt es in der *Ethik* des Baruch de Spinoza.

Ähnlich verhält es sich mit dem Erfolg, von dem der Ethiklehrer mehr träumt als vom Glück eines Lottogewinns. Allerdings behält er den Traum lieber für sich, da der Erfolg wie die Lust moralisch keinen guten Klang hat. Trotzdem streben alle danach, denn durch ihn definieren sich die Menschen in der Schule wie im Beruf. Während die Lust rein subjektiv und intim bleibt, prägt der Erfolg die gesellschaftliche Wirklichkeit, in der wir leben. Auch die Ethik muss anerkennen, dass der Erfolg zu den Bedingungen gehört, unter denen Moralität nicht bloße Gesinnung bleibt, sondern zur Lebensform wird.

Die Begriffsgeschichten führen den Ethiklehrer in ein Abenteuer, dessen Ausgang noch nicht absehbar ist. Nur wozu das Gedankenexperiment dient, lässt sich schon sagen. Es soll die Zweifel zerstreuen, die jeden beschleichen, wenn er seinen Schülern Mores lehrt. Ob der gute Schüler Öztürk, dessen Eltern aus Anatolien stammen, mit unseren moralischen Werten leben kann? Schon die freien Geister der Aufklärung haben vor einem Eurozentrismus gewarnt und durch Hinweis auf die Kultur der Chinesen daran erinnert, dass moralisches Bewusstsein immer relativ zu bestimmten Lebensformen ist. Die Materialisten sind dann noch deutlicher geworden: »Erst kommt das Fressen, dann die Moral« – das Diktum von Bertolt Brecht hat eine elementare Überzeugungskraft, über die sich eine materiale Ethik nicht hinwegsetzen darf.

Eine Geschichte muss her, die erkennen lässt, wie moralische Begriffe mit Lebensformen zusammenhängen. Sie muss auch zeigen, dass das Denken dem Tun Grenzen setzt. Die Grenzen liegen aber nicht in abstrakten

Wertbegriffen, sondern ergeben sich aus der Art, wie Menschen ihre Geschichte und sich selbst als Teile dieser Geschichte verstehen. Daher muss der Ethiklehrer alles daransetzen, auch unter schwierigen Lebensbedingungen die Einheit von Geschichte und Gegenwart im Bewusstsein wach zu halten: Moralisches und historisches Bewusstsein gehören zusammen. Das ist die Moral der Geschichte des Ethiklehrers. Die Angst vor der Klasse, die ihn manchmal befällt, kann er nur dadurch überwinden, dass er die ethische Theorie für die Schule aus der Lebenswirklichkeit entwickelt. Denn nur in dieser Form ist Moral lehrbar.

1. Kapitel

Die Klasse stellt den Ethiklehrer vor neue Fragen

Der Moralität droht, dass sie ihre traditionellen Stützen einbüßt. Der Niedergang der Kirchen, die Auflösung des Nationalstaats im Zuge der Globalisierung und nicht zuletzt der Schwund der Familie haben unsere Wertvorstellungen erschüttert. Der vergebende Priester, der weise Staatsmann und der gütige Familienvater, einst Vorbilder von hoher moralischer Autorität, schwinden zu Schatten vergangener Zeiten. Wie niemals zuvor in der europäischen Geistesgeschichte sieht sich der Einzelne auf sich selbst gestellt und muss aus einem verwirrenden ›Angebot‹ von Werten und Heilslehren seine eigene Wahl treffen.

Ein Indiz für die Heimatlosigkeit der Moralität ist der Ethikboom, der nun schon mehr als ein Jahrzehnt anhält. Moralische Orientierungen von der postmodernen »Selbstsorge« bis zur Rehabilitierung der antiken »Tugendlehre« haben Konjunktur. »Verantwortung«, »Solidarität« und »Gerechtigkeit« lauten die Leitthemen, die in der öffentlichen Diskussion auf dem Programm stehen. Eine nicht zu unterschätzende Rolle spielt die Tatsache, dass sich die Ethik an den Universitäten von der Philosophie institutionell abgespalten hat und dass in zahlreichen Bundesländern Ethik als Schulfach eingeführt worden ist, teilweise sogar an Grundschulen. Nicht zu vergessen die Ethikkommissionen, in denen sich selbsternannte Tugendspezialisten gegen Honorar um das Gewissen der anderen kümmern. Wir sind also auf dem besten Wege, eine durch und durch ethisierte

Gesellschaft zu werden, in der man den moralischen Menschen allerdings vergeblich sucht.

Über diesen Zustand wird derzeit in den Geisteswissenschaften heftig diskutiert. Die Traditionalisten, die das Moralische für eine Selbstverständlichkeit halten, betrachten die Entwicklung mit Skepsis. Modernisten hingegen sehen darin eine Chance, weltanschauliche Dogmen zu überwinden und ein neues, den Anforderungen der modernen Welt angemessenes Wertesystem zu etablieren. Die Diskussion verläuft kontrovers, hat aber ein Stadium erreicht, in dem kaum noch neue Argumente zu erwarten sind. In dieser Situation drängt es sich auf, das Problem der Ethik einmal aus der Perspektive des Lehrers zu beleuchten und darüber nachzudenken, was es heißt, an Schulen im Fach Ethik zu unterrichten.

Ich stelle mir vor: Der Ethiklehrer kommt in die Klasse. Der Tumult legt sich langsam, und die Schüler bleiben auf ihren Plätzen. Der Lehrer schaltet den Projektor an und legt eine Folie auf, die zwei Rubriken mit den Stichworten »Determinismus« und »Freiheit« enthält. Diesmal soll es ihm nicht so gehen wie in der letzten Stunde, als sie ihn mit ihren Fragen in Verlegenheit gebracht haben. Hat er sich doch aus einer »Angewandten Ethik« die Fragen herausgeschrieben, die Schüler angeblich brennend interessieren: »Wodurch unterscheiden wir uns von den Tieren?« Und: »Wie sind Frieden und Gerechtigkeit möglich?« Doch so recht überzeugend klingen die Fragen in der Klasse dann doch nicht. Bei der ersten kichern die Mädchen, so dass er die Frage nach der Möglichkeit von Frieden und Gerechtigkeit – auf der Universität hieß das noch: »Bedingung der Möglichkeit« – lieber gar nicht mehr anbringt. Erst nach der Schule wird dem Lehrer klar, dass es nur einen Weg gibt:

Man muss den Schülern Gelegenheit geben, ihre eigenen Fragen zu formulieren.

Wenn der Lehrer die Klasse als Gesprächspartner akzeptiert, wird er schnell bemerken, dass er mit anderen Fragen konfrontiert wird als denen, die er aus seiner akademischen Ausbildung mitbringt. An der Universität geht es in der Ethik um Begründungsfragen, die sich bei der Interpretation moralischer Normen einstellen. Auch wenn heutzutage »angewandte Ethik« angeboten wird, besteht der Unterschied zur nicht-angewandten häufig nur in der Formulierung. Denn es bleibt dabei, entweder zu einer Handlung die Norm, unter die sie fällt, oder zur Norm eine Handlung, die durch die Norm gerechtfertigt würde, ausfindig zu machen. In der Schule dagegen fragen die Schüler zunächst nicht nach Handlungen und Normen, sondern sie wollen wissen, wie es in der Welt, in der sie leben, zugeht. Das entspricht dem jugendlichen Bedürfnis nach einer gerechten und guten Welt, wie sie im Märchen geschildert wird. Die Erwartung, wie es in der Welt zugehen müsste, richtet sich nicht auf die Handlungen, sondern auf den Lauf der Dinge, der freilich oft genug das kindliche Gerechtigkeitsgefühl enttäuscht. Hier beginnen die Zweifel, welche die Bedingungen betreffen, unter denen die Menschen leben müssen. Der Zweifel hat seine moralische Entsprechung in der Verzweiflung, die heute als »Wut« ihren öffentlich anerkannten Ausdruck findet. Es ist nicht mehr die biedermeierliche Wut über den verlorenen Groschen, sondern die Wut, dass etwas ist, was nicht sein darf. Daher lautet die erste Frage der Moral: *In welcher Welt leben wir?*

Erst danach kommt das moralische Subjekt in den Blick, allerdings nicht mehr rein handlungs- und entscheidungstheoretisch wie beispielsweise in Kants Ethik, die fragt: »Was soll ich tun?« Zur Zeit der Aufklärung war diese Frage revolutionär, da sie die Emanzipation des Individuums von der Bevormundung durch traditionelle Autoritäten zum Ausdruck brachte. Heutzutage ist das, zumindest in westlichen Demokratien, nicht mehr das vorrangige Problem. Dagegen machen uns die Folgen der Autonomie des Individuums zu schaffen, so dass schon die Schüler Probleme mit ihrer personalen Identität bekommen. Immer häufiger fühlen sie sich durch chaotische Verhältnisse an der Schule oder im Elternhaus, beispielsweise, wenn die Eltern getrennt leben, in Rollen gedrängt, für die es keine verbindlichen Vorbilder gibt. So entsteht die zweite Frage der Moral: *Wer bin ich?*

Die Frage ist natürlich nicht als Frage danach gemeint, wie jemand heißt oder von wem er abstammt, sondern im Sinne seines authentischen Selbstverständnisses. Der Schüler will sich selbst erkunden, um abschätzen zu können, wozu er unter Umständen fähig ist. Es geht dem Fragenden also darum, sich seiner personellen Identität zu versichern, die sich nicht auf den Standpunkt eines abstrakten Handlungsträgers reduzieren lässt.

Die Reihenfolge, in der die Fragen hier aufgeführt werden, entspricht dem natürlichen Gang der Erfahrung: Erst wenn sich der Schüler am Zustand der Welt stößt, wird er veranlasst, sich auch nach sich selbst zu erkundigen. Der Lehrer wundert sich, warum er nicht schon früher darauf gekommen ist. Sicherlich ist daran das Systemdenken Schuld, das einer logischen Ordnung folgt, bei der die Subjektfrage die primäre ist. Aber es ist nie zu spät, den Unterricht wieder ›von unten‹ aufzubauen. Wenn der Lehrer dort anfängt, wo das moralische Fragen beginnt, besteht Aussicht, dass die Schüler ihm interessiert folgen. Ist das geschafft, ergibt sich die Frage nach den Handlungsnormen von selbst, d. h. in einer existentiellen Dringlichkeit, wie sie ›von oben‹ niemals erreicht wird.

Der Ethiklehrer, der sich auf die neuen Fragen einlässt, begibt sich in eine schwierige Lage. Denn er verzichtet auf die überlegene Stellung des Wissenden, auf die jede präskriptive Ethik aufbaut. Schopenhauer, der an der Lehrbarkeit der Moral zweifelt, nennt Kants Kategorischen Imperativ einen »Fetisch« und weist eine präskriptive Ethik überhaupt als Zumutung mit den Worten zurück: »So redet man zu Kindern« (WWV 1,376). Aber, so ließe sich fragen, sind wir in moralischen Dingen jemals über den Stand der Kindheit hinausgelangt? Können die Lehrer für sich die Mündigkeit in Anspruch nehmen, die nicht nur solides Wissen, sondern auch ein gutes Gewissen beinhaltet? Welcher Lehrer kann sich der Moralität gewiss sein, ohne in der Beurteilung seines eigenen Verhaltens zu schwanken? Es sei denn, er hält es mit dem Moralphilosophen Max Scheler, der auf Vorwürfe, seinen nicht ganz korrekten Lebenswandel betreffend, die entwaffnende Antwort fand: »Hat man jemals gesehen, dass ein Wegweiser in die Richtung geht, in die er zeigt?«

Die ebenso geistreiche wie zynische Verteidigung Schelers macht das Dilemma deutlich, in dem sich der Ethiklehrer befindet. Wenn er sich ernsthaft den Fragen der gelebten Moral stellt, wird er sich der Schwäche seiner Position bewusst. Wo es um Gewissensfragen geht, sitzen Lehrer und Schüler in einem Boot. Der Lehrer kann aus seiner Not aber eine Tugend machen, indem er die Moral aus der Perspektive der Lebensphilosophie beleuchtet, die in der Ethikausbildung an den Universitäten zu wenig Beachtung findet. Zunächst steht die Ontologie auf dem Plan, die sich mit dem Welt- oder Wirklichkeitsbegriff beschäftigt (I). Dann folgt die Subjektivität, die das lebensphilosophische Denken beherrscht (II). Wenn der Ethiklehrer die Fragen, vor die ihn die Klasse stellt, aus diesen Blickwinkeln betrachtet, wird er bald erkennen, dass er es mit einem neuen Typ von Fragen zu tun hat, auf die es keine eindeutigen Antworten gibt (III). Trotzdem kann sich der Lehrer diesen Fragen nicht entziehen, denn er muss dafür sorgen, dass die Reise durch das Land der gelebten Moral nicht mit einem Schiffbruch endet.

I

In welcher Welt leben wir?

Die Welt, in der junge Menschen erstmals mit dem Sollen in Berührung kommen, ist nicht die Innenwelt, aus der die ›Stimme des Gewissens‹ spricht, sondern die Begegnung mit den Forderungen der anderen. »Du sollst sofort nach Hause kommen!« lautet der Satz, den ein spielendes Kind von einem anderen zu hören bekommt. Hier handelt es sich um einen indirekten Befehl, hinter dem die Autorität des Vaters oder der Mutter steht, der sich das angesprochene Kind in der Regel fügt, weil es gewohnt ist, zur Essenszeit am Familientisch zu erscheinen, und weil es weiß, dass bei Zuwiderhandlungen mit Strafe zu rechnen ist. Die Verpflichtung resultiert in diesem Fall aus Üblichkeiten und Überzeugungen, die im Allgemeinen nicht in Frage gestellt werden. Das ist die kleine Welt, in der wir als Kinder leben und deren Regeln uns Befehl sind.

Der enge Kreis lässt sich schrittweise erweitern über die Schule und den Sportverein, über anonymere Gemeinschaften wie die Stadt, die Region oder das ganze Land. »Wir in Chemnitz«, »bei uns in Sachsen« und »wir Deutschen« lauten die Formeln kollektiver Identitäten, die immer auch Verpflichtungen beinhalten. Wie weit sich die Kreise der Verpflichtungen ausdehnen lassen, ist eine schwer zu beantwortende Frage, da mit zunehmendem Umfang die Verhaltensregeln immer abstraktere und kodifiziertere Formen annehmen, die sich nicht mehr ohne weiteres internalisieren lassen und mit denen man sich daher auch nicht mehr spontan identifiziert. Das ist besonders bei Rechtssystemen der Fall, die vielfach als Zwang empfunden werden, dem zu beugen man sich schließlich doch bereit findet. So kann man sagen, dass die soziale Moral den Charakter der Selbstverständlichkeit trägt, die aus der Geschlossenheit der Lebensgemeinschaft und der Einheit der Lebensform resultiert.

Menschliche Lebensformen sind nicht angeboren, sondern kulturell vermittelt. Unter einem pragmatischen Gesichtspunkt lassen sie sich als schöpferische Antworten auf bestimmte, durch Geographie, Klima, Volkscharakter usw. geprägte Herausforderungen verstehen. Lebensformen umfassen verschiedene Bereiche, die hierarchisch angeordnet sind. Zum ›Unterbau‹ gehört das Wirtschaftssystem, gegen dessen Zwänge auf die Dauer keine gesellschaftliche Ordnung aufrechterhalten werden kann. Zum ›Überbau‹ zählt die Kunst sowie die Mode, deren sanften Diktaten sich insbesondere junge Menschen nicht entziehen können.

Diese Andeutungen sollen keine Gesellschaftsanalyse ersetzen, sie dienen dem Lehrer lediglich zur Anregung, sich zunächst den Strukturen der sozialen Welt zuzuwenden. Auf diese Weise kann er überhaupt erst einmal das Feld der gelebten Moral abstecken, in dem sich seine Schüler bewegen. Das erfordert freilich einige Kompetenzen anthropologischer und soziologischer Art. Derartige Analysen finden bei den Schülern sicherlich mehr Interesse als die ermüdenden Schulbeispiele moralischer Grenzsituationen (»Darf ein Schiffbrüchiger die rettende Planke gegenüber den ausgestreckten Armen eines Ertrinkenden verteidigen?«). Für eine Hinwendung zur sozialen Welt spricht auch die Tatsache, dass damit die Ethik ihren ursprünglichen Sinn zurückgewinnt: *ethos* heißt im Griechischen Gewohnheit, Sitte, Brauch (lat. *mores*, davon abgeleitet dt. Moral), und dieses Bedeutungsfeld verweist auf die Matrix, auf der individuelle moralische Urteile entstehen und allererst Sinn erhalten. Das Erste also ist eine Rekonstruktion der Lebensformen, aus denen die Werte entstammen, denen sich Menschen unbewusst verpflichtet fühlen und die sie für schützenswert halten.

Damit ist der Einstieg in die gelebte Moral geschafft, die Aufgabe des Ethiklehrers aber nicht zu Ende. Denn bisher ist nur eine Seite der moralischen Wirklichkeit aufgedeckt. Die andere Seite wird erst sichtbar, wenn man die Anlässe betrachtet, bei denen die Mitglieder einer Gesellschaft aus der Selbstverständlichkeit unmittelbarer Identifizierung heraustreten und einen distanzierten Standpunkt einnehmen. Hier liegt der Übergang von der Sozial- zur Individualmoral. Erst beide zusammen machen das Ethische in seiner vollen Breite aus.

Der Übergang in den Zustand der kritischen Selbstreflexion verändert in der Regel auch die Einschätzung der sozialen Strukturen, die ihre Selbstverständlichkeit einbüßen. Das lässt sich an der Situation verdeutlichen, die wir als Beispiel für die elementare Erfahrung des Sollens angeführt haben. Das Kind, das nach Hause kommen soll, mag diese Verpflichtung als ungerecht empfinden, weil beispielsweise die Spielkameraden einem derartig strengen Reglement nicht unterworfen sind. Es geht also um die Erfahrung von Differenzen, welche die Frage nach der Begründung sozialer Verpflichtungen aufwirft.

Die Erfahrung der Differenz nimmt in dem Maße zu, wie der junge Mensch lernt, die Gesellschaft, in der er aufgewachsen ist, als ganze zu überblicken. Dabei wird er immer mehr Ungerechtigkeiten entdecken, die ihn empören. Besonders schockierend wirkt auf junge Menschen die Erfahrung der Diskrepanz zwischen dem, was die Vertreter der gesellschaftlichen Gruppen offiziell verlautbaren lassen, und dem, was sie wirklich praktizieren. Die Erwachsenen mit langer Lebenserfahrung haben sich längst damit abgefunden: In der Welt geht es nun einmal so zu, und niemand kann daran etwas ändern. Wer nicht zum Michael Kohlhaas werden will, ist gut beraten, sich in weiser Resignation mit dem Lauf der Welt, wie er ist, abzufinden.

Was für die Alten gilt, entspricht aber – Gott sei Dank! – nicht dem Temperament der jungen Menschen. Der Lehrer muss daher die Empörung der Schüler über den moralischen Zustand der Welt nicht nur ernst nehmen, sondern kann sie dazu nutzen, die Aufmerksamkeit auf Phänomene zu lenken, die von vielen Moralphilosophen gern übergangen werden. Denn anders als die Unmoral der großen Verbrechen, die jeder als solche erkennt, ist die Korruption der Institutionen und Strukturen schwerer zu durchschauen, da wir alle selbst daran beteiligt sind.

Zur moralischen Wirklichkeit gehört eine Pathologie der öffentlichen und privaten Moral, die einen scharfen diagnostischen Blick erfordert. Wie die theoretische Philosophie einer Idolenlehre bedurfte (Francis Bacon) und durch den methodischen Zweifel gehen musste (René Descartes), um der Wahrheit auf die Spur zu kommen, so bedarf es auch in der Ethik einer Kritik der moralischen Wirklichkeit. Damit soll keineswegs eine moralische Apokalypse an die Wand gemalt, sondern nur das Bewusstsein dafür geschärft werden, dass Unmoral auch in Form des stillschweigend geduldeten kollektiven Wahnsinns auftreten kann. Nur wer erkennt, in welchen Verkleidungen die Unmoral in der Gesellschaft daherkommt, kann die Frage der Moral so formulieren, dass sie von der jungen Generation als ihre eigene Fragestellung empfunden wird.

Welche Einsichten eine Kritik der moralischen Wirklichkeit vermitteln kann, mögen einige Andeutungen veranschaulichen. Dass der Egoismus der Mächtigen die Welt regiert und dass zu diesem Regiment die Differenz zwischen Wort und Tat, die Heuchelei gehört, ist eine alte Erfahrung. Neu scheint dagegen die Erfahrung zu sein, dass es Situationen gibt, in denen alle beteiligten Gruppen scheinbar oder auch wirklich das Beste wollen, das Resultat aber verheerend ist. Es gibt in ganzen Gesellschaften ebenso wie bei einzelnen Menschen so etwas wie eine Selbstblockade des guten Willens, die nur durch eine böse Tat durchbrochen wird.

Die Widersprüchlichkeit der moralischen Situation kann sich bis zur Aporie steigern, und das scheint die gegenwärtige Situation zu kennzeichnen, in der die von den Menschen selbst gemachten Strukturen sich gegen die Idee der Moralität richten. Sicherlich wurde Tugend selten belohnt, aber moralische Gesinnung setzte doch immer den Glauben an die prinzipielle Realisierbarkeit einer moralischen Welt voraus. Das scheint sich heutzutage verkehrt zu haben. Der Einzelne findet sich zunehmend in einer sozialen Wirklichkeit vor, in der Moralität keine Lobby hat und in der sich der moralisch Handelnde folglich als der Dumme vorkommt.

Die Ohnmacht angesichts des Wahnsinns der von Menschen selbst geschaffenen Institutionen ist also eine durchaus zeitgenössische Erfahrung. Wie lässt sich eine verkehrte Welt, in der Wohltat oder besser: Wohlstand zur Plage wird, verständlich machen und moralisch bewältigen? Die resignative Formel »Was soll man dazu sagen?«, mit der Erwachsene sich gegen derartige Verhältnisse zu immunisieren pflegen, ist die Kehrseite der Verzweiflung über korrupte moralische Zustände, die junge Menschen zu der Frage führt: *In welcher Welt leben wir?*

In dieser Formulierung klingt die Frage als Vorwurf. Sie unterstellt, dass es eine bessere Welt geben könnte, und sucht die Schuld bei den anderen. Der Lehrer gerät unter erheblichen Rechtfertigungsdruck. Wie kann er seinen Schülern plausibel machen, dass die Welt kein hoffnungsloser Fall ist und dass es sich trotz aller Ungerechtigkeiten lohnt, moralisch zu leben? Eine soziologische Analyse allein gibt darauf keine Antwort. Vielmehr bedarf es einer grundsätzlichen Klärung des Wirklichkeitsbegriffs, die nur von der theoretischen Philosophie geleistet werden kann.

Zum Glück hat der Lehrer an einer Universität studiert, an der die Ethikausbildung noch im Rahmen des Faches Philosophie erfolgte. Dadurch ist er mit Themen vertraut, die den engen Rahmen rein moralphilosophischer Fragen sprengen. Dazu zählt die Ontologie, die Lehre vom Sein, die im Zentrum der antiken Metaphysik steht. Insbesondere Aristoteles hat sich bemüht, durch seine Kategorienlehre das Sein der Welt vor der Vergänglichkeit ihrer Erscheinungen zu retten, um das menschliche Erkennen und Handeln auf festen Boden zu stellen. Die aristotelische Ethik, die auf dem Prinzip der rechten Mitte beruht, wird nur verständlich, wenn man den Hintergrund der antiken Ontologie berücksichtigt. Denn die Mitte, die der Mensch in seinem Tun einhalten soll, ist ein Symbol der Ordnung des Seins, die im Anblick des Himmels ihren sinnfälligen Ausdruck findet.

Heutzutage genügt das kosmische Seinsverständnis nicht mehr als Fundament der Ethik. Der Lehrer muss sich daher für den Wirklichkeitsbegriff an einen Klassiker der modernen Ontologie halten, der eine pragmatische Wende vollzogen hat. Es ist Martin Heideggers *Sein und Zeit* (1927), ein Werk, das Beschreibungen der menschlichen Lebenswelt enthält, die auch Schüler faszinieren können. Heidegger gewinnt einen neuen Zugang zur Wirklichkeit dadurch, dass er konsequent die Perspektive der handelnden Person einnimmt. Als menschliche Grundstimmung oder »Existenzial« betrachtet Heidegger die Sorge, die vom Dasein nicht getrennt werden kann. Damit wird deutlich, dass die theoretische Auffassung von Ding und Mensch der Erlebnisperspektive nicht gerecht wird. Dinge erfahren wir immer in praktischen Zusammenhängen als »Zuhandenes«, wie Heidegger sich ausdrückt. Menschen begegnen wir als Freunden oder Feinden, als Mitarbeitern oder auch als neutralen Adressaten, von denen wir etwas erwarten. Sie stehen also immer in unmittelbarer oder vermittelter Beziehung zu unserem eigenen Leben. »Die anderen« dagegen, denen wir die Schuld für den Zustand der Welt zu geben pflegen, sind eine reine Abstraktion.

Diese Betrachtungsweise hat ein Nachfolger Heideggers, Wilhelm Schapp, unter dem einprägsamen Titel *In Geschichten verstrickt* zu einer narrativen Ontologie ausgebaut. Diese ist für den Ethiklehrer lesenswert, da der Autor als tätiger Jurist seinen philosophischen Wirklichkeitsbegriff mit reichem Material aus der Praxis untermauert. Laut Schapp kommt die Lebenswirklichkeit nur in und über Geschichten zum Vorschein, so dass der Ort, wo die gelebte Moral liegt, das Verstricktsein in Geschichten ist. Der Ethik, die üblicherweise Handeln als Fall einer Norm auffasst, gibt Schapp Folgendes zu bedenken: »Der Mensch und das Menschsein tritt bei dem Fall weit in den Hintergrund. Im Fall versucht man sich von der Geschichte zu lösen, ohne dass aber eine vollkommene Lösung möglich ist. Das Geschichtenartige bleibt im Horizont und wird nur zurückgeschoben. [...] Dabei scheint so viel sicher zu sein, dass das Tragende für jeden Fall eine Geschichte ist, dass der Fall nur über eine Geschichte auftauchen, in den Gesichtskreis kommen kann« (GV 188 f.).

Die seit Heidegger vollzogene Abkehr vom objektivistischen Weltbegriff führt dazu, Wirklichkeit als Prozess aufzufassen, an dem jeder Einzelne durch sein Verhalten beteiligt ist. Für die Ethik bedeutet das eine Absage an den Platonismus, der ein Reich überzeitlicher Werte oder Ideen annimmt. Wenn sich die Wirklichkeit in ständigem Werden befindet, kann es kein festes Wertsystem geben, das die soziale Welt ›von oben‹ reguliert. Moralische Werte entstehen unmittelbar aus der Interaktion des Menschen als allgemeine Verhaltensregeln, die von vielen Menschen anerkannt werden und die auch andere zur Übernahme bewegen können.

Am Leitfaden des dynamischen Wirklichkeits- und Wertbegriffs kann der Ethiklehrer seinen Schülern zeigen, dass ihre negative Vorstellung von der Welt einem unangemessenen Wirklichkeitsbegriff entspringt. Sie betrachten nämlich die Welt als Bühne, auf der die anderen agieren, und beachten zu wenig, dass sie selbst Mitspieler und somit Teil der sozialen Wirklichkeit sind, deren Heillosigkeit sie beklagen. Wenn sie das berücksichtigen, verschwinden natürlich die Übel nicht aus dieser Welt. Es eröffnet sich aber eine Perspektive für deren tätige Überwindung. Sicherlich kann der Einzelne die Welt nicht mit einem Schlag verändern, aber er kann durch sein Verhalten Ansatzpunkte und Wege markieren, die zu einer gerechteren Welt führen. Auf die Frage, in welcher Welt wir leben, kann der Ethiklehrer dem Schüler antworten: »In einer Welt, von der auch du ein Teil bist und an deren Gestaltung du mitwirken sollst.«

Analoge Überlegungen lassen sich auf theoretischer Ebene durchführen. Auch hier hat es zunächst den Anschein, als scheitere jedes ethische System an der Wirklichkeit und als ende jeder Versuch einer rationalen Normenbegründung aporetisch. Entweder die Ethik liefert universale Normen, verfehlt dann aber die Lebenswirklichkeit, oder sie wird dieser gerecht, dann gelingen ihr aber keine allgemein verbindlichen Aussagen. In der ethischen Theorie sieht es also nach Ansicht vieler Beobachter nicht besser aus als in der Praxis.

Dieser Sachverhalt scheint sich derzeit durch die Kontroverse zwischen Liberalismus und Kommunitarismus zu bestätigen. Universalisten und Kommunitaristen streiten sich darum, ob einer formalen Verfahrensethik oder einer materialen Güterethik der Vorrang gebührt. In seinem Werk *Eine Theorie der Gerechtigkeit*, das mittlerweile zum Klassiker der modernen Ethik geworden ist, formuliert John Rawls Gerechtigkeitsgrundsätze, die für alle Gesellschaften verbindlich sein sollen. Zur Begründung bedient er sich der Konstruktion eines hypothetischen Urzustands, dessen Überwindung die Bedingungen definiert, unter denen Handlungsnormen allgemeine Geltung beanspruchen können. Mit diesem Modell folgt Rawls dem Rationalismus der Aufklärung, der für die Idee der Menschenrechte grundlegend ist.

Gegen den rationalistischen Ansatz wendet sich der amerikanische Philosoph Alasdair MacIntyre in seinem Buch *Der Verlust der Tugend*. Beeindruckt von Erscheinungen, die er als moralische Krise der Gegenwart bezeichnet, erklärt MacIntyre das Projekt der Aufklärung zur Rechtfertigung einer universalen Moral für gescheitert. Einen Ausweg aus der Krise sieht er in der Erneuerung der aristotelischen Tugendethik, deren Stärken darin liegen, dass sie von der konkreten Lebensform ausgeht. Zur Unterstützung entwickelt MacIntyre einen Begriff der moralischen Person, deren Identität auf der Einheit ihrer Geschichte beruht – ein Gedanke, der an Wilhelm Schapps Philosophie der Geschichten erinnert.

Alle Versuche, die sich Interpreten ausgedacht haben, um beide Positionen zum Ausgleich zu bringen, geraten zu faulen Kompromissen. Denn letztlich läuft es immer auf einen Dualismus von konkreter Erfahrung und abstrakter Vernunft hinaus, der unbefriedigend bleibt, da Moralität nicht teilbar ist. Die Aporien rationaler Normenbegründung schlagen sich in akademischen Diskussionen wie im schulischen Unterricht in der Ratlosigkeit der Teilnehmer nieder. An allen Positionen von Aristoteles und Kant bis Rawls und MacIntyre bleiben theoretische Zweifel, so dass die Schüler häufig den Glauben an den Sinn ethischer Reflexion verlieren und den Ethikunterricht oft frustriert verlassen.

In diesem Punkt besteht für den Ethiklehrer jedoch kein Anlass zur Resignation. Sicherlich fällt es nicht leicht, gegenüber den kritischen Schülern eingestehen zu müssen, dass sich zahlreiche Probleme nicht definitiv lösen lassen. Aber das bedeutet nicht automatisch das Ende der ethischen Theorie. Wenn sich der Ethiklehrer an den Gedanken der Entstehung von Werten aus der menschlichen Interaktion hält, so wie er durch Heideggers Begriff des »In-der-Welt-Seins« bzw. durch Schapps »In-Geschichten-verstrickt-Sein« nahegelegt wird, dann bietet sich ein Ausweg aus den theoretischen Schwierigkeiten. Aufgabe der ethischen Theorie ist dann weder eine rationale Begründung allgemein verbindlicher Normen noch eine bloße Beschreibung sozialer Verhältnisse, sondern die Aufdeckung der impliziten Wertungen, die menschliches Verhalten leiten. Es geht also um die Einübung einer neuen Form der Rationalität, die man im Unterschied zur begründenden als verstehende bezeichnen kann.

Um die verstehende Rationalität, welche die der ethischen Reflexion angemessenste zu sein scheint, in der Klasse einzuüben, eignet sich wie keine andere die *Theorie der Gerechtigkeit* von John Rawls. Eine Stärke dieses Werks liegt darin, dass es als Antwort auf die bedrückende Erfahrung, dass in den reichen Industrienationen soziale Ungerechtigkeit zunimmt, gelesen werden kann. Die Gerechtigkeitsgrundsätze werden durch ein vertragstheoretisches Modell begründet. Dazu lehnt sich Rawls eng an Kant an, während er scharfe Kritik am Utilitarismus übt. Das hat Rawls viel Zustimmung seitens der deutschen Universitätsphilosophen eingebracht, die Kant in der Ethik als unerschütterliche Autorität betrachten. Auf den Juristen, der etwas von der Sache versteht, hat das Werk von Rawls allerdings einen anderen Eindruck gemacht: »Aus dem Grundgedanken der ›Fairness‹ baut er ein kompliziertes und, wie mir scheint, inkohärentes Gebäude auf. Das Problem der Macht taucht nur am Rande auf.« Als der Ethiklehrer diese Zeilen des Schweizer Strafrechtlers Peter Noll in dessen postumem Buch *Diktate über Sterben und Tod* las, wurde ihm schlagartig bewusst, was er bisher nur dunkel gespürt hatte: dass das Fach Ethik in den Händen der Universitätsphilosophie nicht besonders gut aufgehoben ist. Denn ihr Umgang mit dem Werk von Rawls bestätigt Nolls Prophezeiung, es würde »nur neues Futter in die Bibliotheken bringen, das dann wiedergekäut und in Einzelstücken den Jungen vorgeworfen wird« (D 231 f.).

Mit mir nicht! – hat sich der Lehrer geschworen. Hat er doch in der Schule bald erfahren müssen, dass die Rawls'schen Gerechtigkeitsgrundsätze die Schüler auf die Dauer langweilen. Denn der vom »Schleier der Unwissenheit« verhängte Anfangszustand bleibt eine hypothetische Konstruktion, die den Scharfsinn der neuzeitlichen Rechtsphilosophen herausgefordert hat, die aber an der Erfahrung erlebter Gerechtigkeit unserer Tage vorbeigeht. Dabei könnte man aus Rawls viel herausholen, wenn man seine Theorie der Gerechtigkeit anders lesen und in Geschichten übersetzen würde! Enthält sein Buch doch eine für den europäischen Leser faszinierende Perspektive, der sich der Autor offenbar selbst nicht bewusst war. Nämlich die spezifisch amerikanische Erfahrung einer Gerechtigkeit ›von unten‹, die sich im Begriff Fairness äußert. Fairness, die auch eine ästhetische Dimension einschließt (*My Fair Lady*), steht für den amerikanischen Liberalismus. Gerechtigkeit liegt hier nicht in den Waagschalen einer über den Parteien thronenden Göttin mit verbundenen Augen, sondern entspringt dem offenen Blick des Schiedsrichters, dessen Spruch sich die am »Fairplay« Beteiligten freiwillig beugen. Insofern stellt der von Rawls konstruierte Naturzustand keinen Anfangszustand dar, den die Gesellschaft hinter sich lässt, sondern die permanente Matrix, ohne die Gerechtigkeit zum Formalismus des *summum ius, summa iniuria* zu erstarren droht. Man müsste, so des Lehrers Traum von einer lebendigen Interpretation des Buches von Rawls, mit der Klasse nach Amerika fahren und an einer High School eine Partie *football* verfolgen. Dann würde man auf Anhieb verstehen, was in Rawls Auffassung der Gerechtigkeit als Fairness steckt. Nämlich nichts geringeres als der gelungene Versuch, aus einer aktuellen Lebensform moralische Wertvorstellungen herauszudestillieren, die auch auf andere Lebensverhältnisse anwendbar sind und deren Geltung über die besondere Situation hinausreicht.

Für den Ethiklehrer tut sich hier ein weites Arbeitsfeld auf. Er muss mit seinen Schülern zu den verborgenen Schichten der erlebten Wirklichkeit vordringen, in denen sich unsere impliziten Wertungen bilden, um diese explizit zu machen. Seine Aufgabe erschöpft sich demnach nicht in einer Analyse der Idee der Gerechtigkeit, sondern besteht in Expeditionen ins Reich der moralischen Wirklichkeit, die unter dem Motto stehen: Erkenne die Lage! Die Lage erkennen heißt nicht nur, die Welt beschreiben, wie sie ist und immer war – nämlich problematisch –, sondern einsehen, dass sich die Probleme angehen lassen, wenn man die Dynamik der menschlichen Lebenswirklichkeit beachtet. Die Ethik hat diese Dynamik zu berücksichtigen, die in der bekannten, aber nicht immer genügend beachteten Unterscheidung zwischen verschiedenen Sphären der Gerechtigkeit zum Ausdruck kommt. Wenn die Ethik plausible Begründungen universaler Handlungsnormen auch nicht zu geben vermag, so liegt ihre nicht zu unterschätzende Stärke jedoch in dem Nachweis, dass soziale Wirklichkeit immer Verhaltensnormen erzeugt, deren Geltungsanspruch von der Wirklichkeit selbst ständig überprüft wird. Die Aufdeckung der Wirklichkeit mag schwierig sein, sie wird aber erleichtert, wenn sich der Ethiklehrer an Begriffe in Geschichten statt an abstrakte moralphilosophische Konstruktionen hält.

II

Wer bin ich?

Geht der Lehrer, wie ich im vorigen Abschnitt vorgeschlagen habe, davon aus, wie die Schüler die gesellschaftliche Wirklichkeit erfahren und moralisch bewerten, so verschiebt sich die Frage der Moral noch einmal. Kants klassische Frage: »Was soll ich tun?«, die vielen als selbstverständlicher Ausgangspunkt ethischer Reflexion gilt, macht nur dort Sinn, wo Alternativen klar definiert sind, wo es beispielsweise darum geht, ob jemand lügen oder die Wahrheit sagen soll. Jeder weiß genau, dass er nicht lügen soll, und niemand findet es akzeptabel, von anderen belogen zu werden. Damit ist natürlich nicht gesagt, dass wir immer gemäß dieser Einsicht handeln. Festgestellt wird nur, dass über die Bedeutung von Handlungsnormen in der Regel kein Zweifel besteht. Das eigentliche Problem liegt dort, wo es um die Einschätzung der eigenen Handlungen geht. Oft genug machen wir uns nicht klar oder gestehen uns nicht ein, welcher Fall vorliegt. Ein Beispiel ist die Notlüge, die wir subjektiv selten als Lüge empfinden, und noch weniger die Notlüge ohne Not, die wir häufig aus freien Stücken einsetzen, um uns bei anderen in ein günstiges Licht zu rücken.

Die Unklarheit darüber, ob sich unser Handeln einer bestimmten Norm zuordnen lässt, kann so weit gehen, dass die Konturen unserer personalen Identität verschwimmen. Vor einer prekären Handlung fühlen wir uns in Appetenzstimmung zu allem bereit, danach verengt sich das Selbstbild, das Selbstgefühl schrumpft, so dass wir nicht mehr sicher sind, ob es dasselbe Ich war, das sich zur Tat hat hinreißen lassen. Wir verstehen uns dann selbst nicht mehr – eine Erfahrung, mit der auch junge Menschen schon früh Bekanntschaft machen.

Um den Schülern verständlich zu machen, was in solchen Fällen mit ihnen geschieht oder wie ihnen geschieht, bedarf es einer Moralpsychologie, die man bei den Klassikern der Moralphilosophie meist vergeblich sucht. Aufschlussreicher ist in dieser Hinsicht die moraltheologische Kasuistik, die in der katholischen Kirche im Rahmen des Bußsakraments zu einer ausgefeilten Praxis entwickelt worden ist. Sieht man von den religiösen Inhalten ab, lässt sich daraus für die Ethik durchaus Gewinn ziehen. Sie kann lehren, wie man die ›Stimme des Gewissens‹ deutet, die keineswegs so vernehmlich und unfehlbar ist, wie die meisten Moralphilosophen glauben. Das Gewissen, das wir für das Gewisseste halten (lat. *conscientia* heißt wie im Englischen und Französischen Gewissen und Bewusstsein zugleich), leidet an Eigensinn, der uns zwar moralische Stärke gibt, aber vor Irrtum nicht schützt. Irrendes Gewissen und mangelndes Bewusstsein gehören zusammen, so dass beim reinen Gewissen, auf das sich jemand beruft, Vorsicht geboten ist.

Das irrende Gewissen verweist auf die Instabilität des moralischen Bewusstseins. Die normative Ethik nimmt darauf keine Rücksicht. Sie interpretiert das moralische Bewusstsein als konstantes Subjekt der Handlungen, für die es verantwortlich ist. Das ist sicherlich keine abwegige Interpretation, da unser Bewusstsein immer auf bestimmte Gegenstände ausgerichtet ist. Gleichzeitig wird es aber von einem Erfahrungshorizont umgeben, der dem Bild gleicht, das wir uns von uns selbst machen. Unser Selbstbild zeigt eine gewisse Unbestimmtheit. Es hat oft schablonenhaften Charakter, so wenn sich ein Schüler als John Wayne oder eine Schülerin als Marilyn Monroe vorkommt. Die Angemessenheit des Selbstbildes, das im Leben eine zentrale Rolle spielen wird, bildet das eigentliche Problem, mit dem sich der Ethiklehrer auseinandersetzen muss, wenn er die Aufmerksamkeit und das Interesse der Schüler für das, was in ihnen vorgeht, gewinnen will. Damit sind wir zur zweiten Frage der Moral vorgestoßen, die da lautet: *Wer bin ich?*

Die Frage zielt, wie schon gesagt, nicht auf die Identität, über die der Personalausweis Auskunft gibt. Es geht auch nicht um die Frage des Charakters, über den andere oft mehr wissen als man selbst. Näher kommt man dem Sinn der Frage, wenn man sie als Frage danach versteht, wie sich der Mensch in der Welt als moralisches Subjekt behauptet. Denn die verschiedenen Rollen, die jeder Einzelne von uns mehr oder weniger gut ausfüllt, verlangen nach einem geistigen Band, das es uns ermöglicht, uns in all diesen Rollen als uns selbst zu erkennen und zu akzeptieren. Das geistige Band, durch das wir uns mit uns selbst identisch erfahren, ist in der Tradition verschieden gedeutet worden. Die antike Philosophie spricht vom »Dämon«, in dem jeder Mensch sich selbst erkennt, das christliche Mittelalter von der »Seele«, die unsterblich sein soll. Wie die Namen auch lauten, es handelt sich um verschiedene Bezeichnungen ein und desselben Sachverhalts, der immer noch zu den zentralen Themen der Philosophie gehört. Es ist die Frage nach der Einheit des Bewusstseins und der Identität der Person, die von den philosophischen Systemen verschieden beantwortet wird.

Auch in diesem Punkt kann sich der Ethiklehrer glücklich schätzen, der in seinem Studium mit den Klassikern der Subjektphilosophie vertraut gemacht worden ist. Das Spektrum reicht von Platons Substantialismus der Seele bis zu den postmodernen Verkündern vom Tod des Subjekts. Als Leitfaden sei dem Lehrer das umfangreiche, aber leichtverständliche Buch von Charles

Taylor, *Quellen des Selbst*, empfohlen, das die Geschichte der neuzeitlichen Identitätsvorstellungen erzählt. Mit Hilfe dieses Buches kann der Lehrer auch Schülern, die nicht an eine unsterbliche Seele glauben, den Begriff der Person, die Verantwortung trägt, nahe bringen. Die Person oder das moralische Subjekt entspringt den Bildern, die wir uns von uns selbst machen. Selbstbilder sind die Instanz, die das Verhalten vor uns selbst rechtfertigt. Selbst die größten Schurken brauchen ein Selbstbild, das ihnen den Rest von Selbstachtung gewährt, ohne den auf Dauer niemand leben kann. Erst wenn es gelingt, ihr Selbstbild zu erschüttern, werden sie von ihren Verbrechen ablassen.

Moralisches Bewusstsein, die Fähigkeit, zwischen gut und böse zu unterscheiden, braucht niemandem durch Normen andemonstriert zu werden. Sie ist mit der Endlichkeit und Verletzlichkeit des Menschen gegeben, die ihn intuitiv zwischen gut und böse unterscheiden lässt. Als gut empfinden wir zunächst das, was uns im Zusammenleben mit anderen körperlich und seelisch Lust bereitet, als böse, was uns Schmerz zufügt. Damit ist sicherlich noch nicht die höchste Stufe der Moralität erreicht. Das ist erst dann der Fall, wenn die Unterscheidung auf unser Verhältnis zu den Mitmenschen übertragen wird. Jeder weiß, was es heißt, jemandem zu nützen oder ihm zu schaden, und jeder baut aus diesem Wissen sein moralisches Bewusstsein auf. Der normative Kern liegt demnach nicht in der angeblichen Güte des ›natürlichen Menschen‹, sondern in der Fähigkeit, sich in die Lage des anderen zu versetzen. Daraus geht hervor, dass Selbsterfahrung die einzige Quelle der Moral ist und dass alle Formen der Normenbegründung nichts anderes sind als Versuche, diese elementare Erfahrung ins Bewusstsein zu heben und den Menschen verständlich zu machen.

Selbsterfahrung als Arbeit am Selbstbild gibt den Schülern reichlich Gelegenheit, ihre Phantasie ins Spiel zu bringen. Phantasie als moralische Instanz ist freilich das Gegenteil vom Entwerfen unrealistischer Wunschbilder; es ist die Fähigkeit, der Wirklichkeit des eigenen Erlebens ins Auge zu sehen und sich als das, was man ist, zu akzeptieren. Dabei sind grundsätzlich zwei Möglichkeiten zu unterscheiden. Die erste betrifft die Rückschau auf die eigene Geschichte, die für den älteren Menschen, der einen Großteil des Lebens hinter sich hat, oft zu einer schmerzlichen Erfahrung wird. Denn viele Entscheidungen und Empfindungen, die wir im Augenblick als frei und spontan erleben, erweisen sich in der Rückschau als Elemente konstanter Muster, die den älteren Menschen oft ernüchtern. Das sind Erfahrungen, die junge Menschen noch nicht nachvollziehen können, aus denen der Lehrer aber den Rat ableiten kann, jeder möge sich im Leben nach Kräften um gutes Verhalten bemühen, damit er sich später seines eigenen Bildes nicht zu schämen braucht.

Die andere Form der Selbsterfahrung bezieht sich auf die Gegenwart und ist für alle, die die Zukunft noch vor sich haben, die angemessene. Worin besteht sie? Offenbar nicht in einsamer Introspektion oder Nabelschau. Schon früh ist man zu der Einsicht gelangt, dass es destruktiv ist, wenn der Mensch ständig in sich hineinhorcht. Goethe hat den weisen Spruch geprägt, dass der Mensch sich nur dort erfährt, wo er leidet oder genießt. Das ist eine klare Aufforderung zum tätigen Leben als der einzig sinnvollen Form der Selbsterfahrung. Freilich kann der Ethikunterricht das Leiden und Genießen, aus dem das Leben besteht, nicht ersetzen, aber er sollte die Schüler geistig darauf vorbereiten. Ein Mittel der Vorbereitung ist das Erfinden einer eigenen Lebensgeschichte, die als realistisch angesehen werden kann. Das erfordert von den Schülern Aufrichtigkeit und Mut, denn es geht darum, Verhaltensweisen in der Phantasie durchzuspielen, vor denen sie in der Wirklichkeit noch zurückschrecken.

Die persönlichkeitsbildende Funktion der erfundenen Lebensgeschichte hat der Schriftsteller Max Frisch eindrucksvoll beschrieben: »Ein großer Teil dessen, was wir erleben, spielt sich in unserer Fiktion ab, das heißt, dass das Wenige, was faktisch wird, nennen wir's die Biographie, die immer etwas Zufälliges bleibt, zwar nicht irrelevant ist, aber höchst fragmentarisch, verständlich nur als Ausläufer einer fiktiven Existenz. Für diese Ausläufer, gewiss, sind wir juristisch haftbar; aber niemand wird glauben, ein juristisches Urteil erfasse die Person. Also was ist die Person? Geben Sie jemand die Chance zu fabulieren, zu erzählen, was er sich vorstellen kann, seine Erfindungen erscheinen vorerst beliebig, ihre Mannigfaltigkeit unabsehbar; je länger wir ihm zuhören, umso erkennbarer wird das Erlebnismuster, das er umschreibt und zwar unbewusst, denn er selbst kennt sich nicht, bevor er fabuliert.« (S. 127) Im Ethikunterricht ist dieses psychodramatische Verfahren allerdings nicht ganz ungefährlich, da es seelische Tiefen offenbaren kann, die niemanden anderen etwas angehen. Hier muss der Lehrer mit viel Einfühlungsvermögen schützend eingreifen, damit die Schüler keinen Schaden erleiden.

Ein Lehrer, der moralische Erziehung als Arbeit am Selbstbild seiner Schüler versteht, wird sich immer wieder mit der Frage konfrontiert sehen, wieso eine realistische Selbsteinschätzung zu moralischem Verhalten führen soll. Um den Zusammenhang plausibel zu machen, muss der Lehrer zeigen, wie subtil die Wege der Selbsttäuschung sind. Was die anderen als klaren Fall von Unrecht erkennen, erscheint dem Verursacher so lange in einem anderen Licht, wie er nicht zu einem klaren Bild seiner selbst vorgedrungen ist. Davon hängt es aber ab, wie der Einzelne seine Handlungen wahrnimmt. Die ethische Reflexion hat es daher primär mit der Kunst zu tun, Handlungen richtig zu deuten, d. h. sie mit dem Bild in Übereinstimmung zu bringen, das wir uns von uns selbst machen. Nur ein aktiv gestaltetes Selbstbild, das aus unserem Verhalten resultiert, verschafft uns Zugang zu uns selbst. Damit liegt die Antwort auf die Frage, wer man ist, auf der Hand: Jeder ist das, was er aus sich macht – nicht bloß in Gedanken, sondern in Taten, welche die Wirklichkeit, in der wir leben, mitgestalten.

III

Ein neuer Typus von Fragen

Der moralische Sinn der Frage: »Wer bin ich?« lässt sich am besten verdeutlichen, wenn man sie in eine andere Frage übersetzt, mit der die meisten Schüler in bestimmten Situationen schon konfrontiert worden sind. In Situationen nämlich, in denen ihr Verhalten so widersprüchlich war, dass sie sich von anderen, namentlich von Eltern haben fragen lassen müssen: »Was willst du eigentlich?« Diese Frage lenkt von einzelnen Handlungszielen auf die Gesamtheit des Wollens eines Menschen, das ihn für andere akzeptabel oder inakzeptabel macht. Wer nicht weiß, was er will, befindet sich in einem moralischen Schwebezustand, der es ihm schwer macht, sich selbst zu begegnen. Dieser Zustand kann nicht dadurch gelöst werden, dass der Betreffende sich für die eine oder die andere Handlung entscheidet. Es geht also gar nicht um die Frage, was er tun soll, sondern darum, dass er sich besinnt und in der Besinnung sich selbst findet. Hierin drückt sich eine elementare moralische Forderung aus, die jedem spontan einleuchtet: »Erkenne dich selbst!« im Sinn von: »Finde zu dir selbst!«

Ein Ethiklehrer, der sich auf eine Neuformulierung der ethischen Fragen einlässt, geht ein hohes Risiko ein. Denn er hat es nicht nur mit anderen Fragen zu tun, sondern mit einem neuen Typus von Fragen. Ich schlage vor, sie die »Eigentlich«-Fragen zu nennen, die vielleicht auch die eigentlichen Fragen sind. Die Frage: »Was willst du eigentlich?«, die in Auseinandersetzungen des täglichen Lebens oft am Ende von Diskussionen auftaucht, ist ambivalent. Sie versucht, den anderen einerseits in die Schranken zu weisen, ihm andererseits eine neue Dimension zu eröffnen – die Dimension der Selbsterfahrung, die nie definitiv bestimmbar ist.

Wer die Neuartigkeit der Fragen erkennt, dem eröffnet sich ein Weg, der Skepsis gegenüber ethischer Argumentation und der Lehrbarkeit der Moral entgegenzutreten. Die Skepsis gegenüber der Argumentation fällt nicht notwendig mit Skepsis gegenüber der Moral selbst zusammen. Man kann auch dann an der Moralität festhalten, wenn man an ihrer Rationalisierbarkeit zweifelt. Diese Position vertritt in neuerer Zeit Alasdair MacIntyre in seinem schon erwähnten Buch *Der Verlust der Tugend*. Statt über Ethik zu reden, solle man Moral praktizieren – so lautet, auf eine Kurzformel gebracht, seine Botschaft. Das ist in traditionalistischen Gesellschaften mit intakten Institutionen kein Problem, funktioniert in offenen und pluralistischen Gesellschaften aber nicht mehr. Der Ethiklehrer kann Diskussionen über ethische Fragen nicht ausweichen, und daher braucht er verlässliche Argumentationshilfen.

Welche Argumente können in ethischen Diskussionen überzeugen? Die Erfahrung im Unterricht lehrt den Ethiklehrer, dass rationale Normenbegründungen in aller Regel keinen Eindruck auf die Schüler machen und selten zur Änderung ihrer Überzeugungen führen. Der Grund für die Wirkungslosigkeit der Begründungsrationalität liegt darin, dass sie keine Antwort auf die Eigentlich-Fragen gibt. Das leistet nur eine andere Form der Rationalität, nämlich die beschreibende und deutende, die dem Angesprochenen die Welt in einem anderen Licht erscheinen lässt und infolgedessen auch sein Selbstverständnis verändert.

Die aufdeckende und auslegende Argumentation weicht vom traditionellen Ethikverständnis erheblich ab. Dieses betrachtet isolierte Handlungen als Fälle allgemeiner Normen, die sich eindeutig definieren lassen. Dabei wird übersehen, dass der Mensch in komplexen Situationen lebt, in denen es keineswegs einfach ist, zu bestimmen, welcher Handlungstyp vorliegt. Die Unbestimmtheit ergibt sich nicht nur daraus, dass andere Menschen daran beteiligt sind, sondern auch und vor allem aus den Ambivalenzen des eigenen Gefühlshaushalts, die oft zu paradox erscheinenden Verhaltensweisen führen. Kinder fügen sich oft aus Trotz durch ihr Verhalten Schaden zu, sie führen unbewusst herbei, was sie fürchten. Hier muss die moralpsychologische Arbeit am Selbstbild einsetzen, damit die Betroffenen sich selbst feststellen und einen Zustand erreichen, in dem sie wissen, was sie tun und was sie wollen.

Mit diesen Ausführungen schließt sich der Kreis der Überlegungen, den der Ethiklehrer zu durchlaufen hat. Es zeigt sich nämlich, dass die beiden Fragen der Moral: »In welcher Welt leben wir?« und »Wer bin ich?« eng miteinander zusammenhängen. Ziel einer Ethik der

Selbsterfahrung ist es, die Stellung des Menschen in der Welt zu verdeutlichen. Das erscheint nur dort möglich, wo Welt- und Selbsterkenntnis sich wechselseitig stützen. Daher lautet das nüchterne, aber durchaus ermutigende Fazit: Moral ist in Form der Aufdeckung und Auslegung der Wirklichkeiten lehrbar, in denen die Menschen sich selbst und anderen begegnen. Mehr kann der Ethiklehrer nicht tun. Alles andere müssen die Schüler auf ihrem Lebensweg selbst zustande bringen, und sie werden es auch schaffen. Daher darf ich den Ethiklehrer getrost vor die Klasse treten lassen, ohne fürchten zu müssen, dass ihn die Angst vor der eigenen Courage einholt.

2. Kapitel

Die Faszination des Bösen und der Nutzen, den der Ethiklehrer daraus ziehen kann

Man braucht nicht gerade der Teufel in Person zu sein, um in sich die Kraft zu spüren, die stets das Böse will und – hoffentlich – stets das Gute schafft. Es genügt, dass uns gelegentlich der Teufel reitet. Dabei richtet sich die Attacke nicht immer gegen andere, sondern auch gegen uns selbst, nach dem Motto: »Es geschieht meinem Vater ganz recht, wenn mir die Hände erfrieren. Warum kauft er mir keine Handschuhe?« Der böse Wille äußert sich hier als Selbstblockade, die wir nur schwer durchschauen. In der ethischen Literatur der Gegenwart, die über die Lebenswirklichkeit ein ideales Tugendreich errichtet, sucht man moralpsychologische Einsichten dieser Art allerdings meist vergeblich. Dafür muss man schon bis zu den französischen Moralisten des 17. und

18. Jahrhunderts zurückgehen, zu La Rochefoucauld beispielsweise, der behauptet, dass unsere Tugenden oft nichts anderes als unsere versteckten Laster sind. Im 19. Jahrhundert haben Arthur Schopenhauer und Friedrich Nietzsche diese Tradition weitergeführt. Später ist sie, zumindest in Deutschland, versandet. Das ist bedauerlich, da erst die Erfahrung des Bösen eine klare Vorstellung davon vermitteln kann, worin das Gute besteht. Abstrakte Handlungsnormen sind kaum in der Lage, in uns das Gefühl des moralisch Guten zu wecken.

Ich stelle mir vor: Die Diskussion in der Klasse über die Pflichten gegenüber den anderen zieht sich lang hin. Natürlich ist in der letzten Schulstunde nicht mehr viel zu erwarten, aber den Ethiklehrer beschleicht das dumpfe Gefühl, dass seine Schüler gar nicht wissen, worum es eigentlich geht. Alle Beispiele der antiken und der christlichen Tugendlehre vermögen sie nicht aus ihrer Lethargie zu wecken. Da sucht der Lehrer Zuflucht zu den guten Taten, die der Pfadfinder jeden Tag vollbringen soll, unter denen die Hilfe für Alte und Gebrechliche an erster Stelle rangiert. Als Beispiele für gute Menschen, die ihr ganzes Leben für andere eingesetzt haben, kann er auf Albert Schweitzer und Mutter Theresa verweisen. Aber lassen sich die Schüler von diesen Beispielen heute wirklich noch beeindrucken?

Ich zwinge meinen Ethiklehrer zur Ehrlichkeit: Er muss zugeben, dass sich die Überzeugungskraft seiner Beispiele in Grenzen hält. Auf Dauer wirkt die Tugendethik so langweilig wie ein Leben im Paradies. Obwohl dem Guten der Preis gehört, lässt es die Gedanken der Schüler doch ins Reich des Bösen abschweifen. Bei der Hilfe, die man als junger Mensch alten Menschen leisten soll, denkt mancher an die böse Geschichte, die erläutert, was ›gemein‹ ist: nämlich wenn man die Großmutter die

Treppe herunterschubst und dann fragt: »Großmutter, warum rennst du denn so?« Und bei den Beispielen aufopferungsvollen Lebens wirft ein Schüler ein, er habe im Fernsehen gehört, dass Mutter Theresa eine kluge Geschäftsfrau gewesen sei. Was soll der Ethiklehrer darauf antworten? Er muss sich darauf einstellen, dass das Böse die Geister mehr fasziniert als das Gute.

Die Faszination des Bösen hat tiefere Gründe, die es zu entdecken lohnt. Die gute Tat ist offenbar kein absolutes Ereignis, sondern bezieht ihren Wert aus dem Hintergrund des Bösen, von dem sie sich abhebt. Das Böse scheint in der Welt der Normalzustand zu sein, das Gute eher die Ausnahme. Nicht zufällig spricht die christliche Religion von der Erbsünde, und im Anschluss daran entwickelt Kant die Lehre vom »radikalen«, d. h. ursprünglichen Bösen. Das Böse liegt also in der Wurzel der menschlichen Natur. Es zeigt den Menschen in Geschichten verstrickt. In der Regel sind es aber nicht die bösen Taten oder die ausgekochten Schurken, wie wir sie aus Geschichten und Filmen kennen, sondern die schlechten Gedanken, die uns faszinieren. Während auf der Ebene der Handlungen Gut und Böse ziemlich klar geschieden sind, verschwimmen in den Tiefen des Bewusstseins zunehmend die Konturen. Gute und böse Gedanken wohnen hier eng beieinander, ja sind geradezu ineinander verwoben, und von dieser Verflechtung geht eine Faszination aus, der man sich schwer entziehen kann. Es ist das Geflecht der Wünsche und Affekte, die uns bewegen und in denen wir uns selbst begegnen. In dieser affektiven Gemengelage verliert auch die Unterscheidung von Täter und Opfer ihre Eindeutigkeit. Gerade in den bösen Gedanken und Gefühlen, die uns zum Täter machen können, sind wir Opfer unserer inneren Spannungen und seelischen Widersprüche.

Damit ist das Stichwort gefallen, das dem Ethiklehrer weiterhelfen kann. Statt sich hauptsächlich mit Handlungsnormen abzugeben, tut er gut daran, das Ethische im Bewusstsein des Menschen aufzusuchen. Damit begibt er sich natürlich auf ein weites und unübersichtliches Feld, auf dem man sich leicht verirren kann. Aber die Gefahr wird durch den Vorteil aufgewogen, dass die Klasse ihm interessiert folgt. Denn auch die Gemüter der Kinder und Jugendlichen sind so schlicht und rein nicht, wie manche Pädagogen und Psychologen es gerne möchten. Die meisten Schüler kennen zwar noch nicht das Böse, sie wissen aber, was Bosheit ist, die Wilhelm Busch im Geiste Schopenhauers seinen Helden Max und Moritz zugeschrieben hat. Wer die Grabenkämpfe in Klassenzimmern und auf Schulhöfen kennt, der macht sich keine Illusionen über die kindliche Unschuld. Die Repression, die früher von autoritären Lehrern ausging, hat sich heute weitgehend auf das Verhältnis der Schüler untereinander verlagert, so dass der Ethiklehrer mit der Thematisierung des Bösen keineswegs ein den Schülern fremdes Gebiet betritt.

Die Analyse des menschlichen Bewusstseins, zu der die Faszination des Bösen den Zugang eröffnet, ist von den Moralphilosophen immer recht stiefmütterlich behandelt worden. Zu verlockend ist die Eindeutigkeit der Kriterien, mit denen man bei der Formulierung und Begründung von Handlungsnormen operieren kann. Daher sind es vor allem die Dichter, bei denen der Ethiklehrer Auskunft über das Gebiet einholen kann, wo gute und böse Taten entspringen. Es ist der Dschungel der menschlichen Seele, das innere Afrika, dessen Tiefen die wissenschaftliche Ethik noch nicht ausgelotet hat. Der englische Dichter Somerset Maugham führt in seiner Erzählung *Fußspuren im Dschungel* den Leser dorthin, wohin der Ethiklehrer seine Klasse führen muss. Die Geschichte erzählt von einem Mord, der ungesühnt bleibt. Der mit dem Fall befasste Polizist gibt dafür folgende Erklärung: »Es ist meine Aufgabe, Verbrechen zu verhindern und, wenn ein Verbrechen begangen worden ist, den Schuldigen ausfindig zu machen. Aber ich habe in meinem Leben zu viele Verbrecher kennen gelernt, um zu glauben, dass sie im Allgemeinen schlechter sind als andere Menschen. Ein durchaus anständiger Mensch kann durch bestimmte Umstände dazu getrieben werden, ein Verbrechen zu begehen, und wenn man ihn ertappt, wird er bestraft. Aber er kann deshalb ein durchaus anständiger Mensch bleiben. Die Gesellschaft bestraft ihn natürlich, wenn er ihre Gesetze verletzt – und so muss es auch sein –, aber es sind nicht immer die Handlungen einer Person, die Aufschluss über ihr Wesen geben. Wenn Sie so lange Polizeibeamter gewesen wären wie ich, würden Sie wissen, dass es nicht so sehr darauf ankommt, was ein Mensch tut, als darauf, was er ist. Zum Glück hat sich die Polizei bloß mit den Taten der Angeklagten und nicht mit ihren Gedanken zu beschäftigen. Ihr Amt wäre sonst schwieriger.« (F 508 f.) Dieses schwierige Amt, das der Polizist in der Erzählung dem Jüngsten Gericht überlässt, fällt in unserem Fall dem Ethiklehrer zu. Darum ist er nicht zu beneiden, denn die Hilfe, die er dafür von den Klassikern der Moralphilosophie erwarten kann, ist leider nicht besonders groß.

Der Ethiklehrer, der sich mit dem Bösen vertraut macht, kann an sich eine merkwürdige Veränderung bemerken. Er gerät in einen Zustand, der eine Art Traumzustand ist, in dem es weder Gut noch Böse gibt, sondern nur Geschichten, in die die Menschen verstrickt sind. Bei der Beurteilung der Geschichten ergibt sich, dass das Gute einen Grenzbegriff darstellt, der sich nur in Relation zum Bösen klären lässt. Moralisch gut und böse sind nämlich keine gleichwertigen Prädikate, sondern das Böse ist das Primäre, das sich als ›anderer Zustand‹ beschreiben lässt, in dem gute und böse Handlungen noch nicht voneinander geschieden sind. Daher beschäftigt das Böse die Phantasie mehr als das Gute.

Um vor lauter bösen Geschichten nicht die moralische Urteilskraft einzubüßen, bedarf es einiger Begriffsklärungen. Zunächst geht es um das Böse, insofern es als Zustand erfahren wird. Hier kann der Ethiklehrer wertvolle Hinweise aus der modernen Literatur beziehen (I). Von hier aus lässt sich auch das schwierige Problem der Willensfreiheit, das zu den klassischen Themen der Ethik gehört, neu beleuchten, wobei die Philosophie Schopenhauers sehr hilfreich ist (II). Schließlich weist Spinozas Affektenlehre den Weg, auf dem man über das Böse zur Klärung des moralischen Bewusstseins gelangen kann (III).

I

Böse Zustände

Ein bevorzugter Einstieg in die ethische Problematik ist die antike Tugendethik. Wegen ihrer konkreten Beispiele moralischen Verhaltens wirkt sie auf junge Gemüter anziehender als abstrakte Theoreme der rationalen Normenbegründung. Insbesondere Aristoteles, der auf die Darstellung der Einzeltugenden große Sorgfalt verwendet, da ihm die praktische Wirksamkeit der ethischen Theorie am Herzen liegt, erfreut sich im Schulunterricht großer Beliebtheit. So eindrucksvoll das Beobachtungsmaterial auch ausfällt, die von der antiken Tugendlehre gewählten Beispiele leiden an einer gewissen konstitutionellen Harmlosigkeit. Das liegt wohl daran, dass sie einer vergangenen Welt angehören, deren Lebensbedingungen ungleich einfacher und harmonischer waren als die unsrigen. Hinzu kommt, und hier liegt der entscheidende Punkt, dass in der antiken Tugendethik das Gute klar vom Bösen getrennt ist. Da unser modernes Lebensgefühl durch Differenzen und Ambivalenzen geprägt ist, wirken die antiken Tugendkataloge auf die Dauer langweilig.

Die Langeweile nimmt noch zu, wenn man sich der christlichen Tugendlehre zuwendet. Denn um das Gute liegt hier ein Schein der Heiligkeit, der es aus der irdischen Welt heraushebt. Allerdings gewinnen in der christlichen Lehre neben den Tugenden die Laster eine bis dahin unbekannte Bedeutung. Denn die Laster werden nun als Sünde verstanden, als Schuld gegenüber einem göttlichen Vater. Mit der Gotteskindschaft gewinnt das Ethische eine neue Qualität, die es nicht mehr zulässt, das Gute vom Bösen zu isolieren. Daher widmet die christliche Tugendethik den Lastern die meiste Aufmerksamkeit. Noch heute üben die christlichen Lasterkataloge eine hohe Anziehungskraft aus, da sie psychologische und anthropologische Einsichten enthalten, zu denen die Antike noch nicht fähig war.

Für die christliche Ethik des Mittelalters sind die Texte von Thomas von Aquin maßgeblich. Ihr Verständnis erfordert aber eine gute Kenntnis der Metaphysik, die im Ethikunterricht schwer zu vermitteln ist. Ein besserer Weg, sich der christlichen Vorstellung von Gut und Böse zu nähern, bietet ein Text der Weltliteratur, in dem die mittelalterlich-christliche Moralphilosophie dichterische Gestalt gewinnt. Es ist Dantes *Göttliche Komödie*,

die alle zeitgenössischen Moraltraktate an psychologischem Realismus weit übertrifft. So wie der Dichter sich durch Hölle, Fegefeuer und Himmel führen lässt, um das jenseitige Leben mit seinen ewigen Strafen und Belohnungen in Augenschein zu nehmen, kann der Ethiklehrer anhand dieses Textes die Stufen des Moralischen mit seiner Klasse durchwandern. Dabei ist nicht zu leugnen, dass das Paradies, in dem die Tugendhaften ein glückseliges Leben führen, wenig verführerisch wirkt. Die größte Faszination geht von der Hölle aus, in der die Sünder gemäß den Lastern, denen sie im Leben verfallen waren, bestraft werden: Mord, Untreue, Trunksucht usw. Die Höllenstrafen richten sich nach den Absichten und der Schwere der Tat, im Fegefeuer dagegen werden die bösen Triebe, von denen sich die Sünder reinigen müssen, gesühnt.

Im Aufbau entspricht Dantes *Göttliche Komödie* den Kategorien der moralischen Ordnung des Mittelalters. In der Darstellung der einzelnen Strafen aber sprengt Dante den Horizont mittelalterlichen Denkens. Im Spiegel der Strafen nimmt das Böse individuelle Gestalt an. Die Individualität des Bösen liegt in einer Lebensform, in der zu verharren die Bewohner der Hölle auf ewig verdammt sind. An Farinata und Cavalcante wird deutlich, dass die Strafe, die sie ohne Hoffnung auf Erlösung erleiden müssen, identisch ist mit dem Bösen, für das sie in der Hölle gelandet sind. Die Höllenstrafe, so könnte man weiter interpretieren, erweist sich somit als Symbol der Unwandelbarkeit des Charakters, in der die einzelnen Menschen gefangen sind und aus der sie sich aus eigener Kraft nicht befreien können. Farinata und Cavalcante bieten dem Jenseitsreisenden dasselbe jämmerliche Bild ihrer charakterlichen Schwächen und Unausgeglichenheiten, die sie auch im irdischen Leben beherrschten, so dass der Dichter nicht umhin kann, Mitleid für die Verdammten zu bekunden. Ähnlich mag es dem Ethiklehrer ergehen, sobald er das Böse nicht mehr nach objektiven und kollektiven Kategorien von außen betrachtet, sondern einen Blick in die Innenwelt des Erlebens riskiert, in der das Böse vom Einzelnen selbst als Strafe empfunden wird. Und trotzdem kann niemand aus seiner Haut, eine Erfahrung, die auch den Moralphilosophen dazu veranlassen sollte, bei der Beurteilung anderer Menschen äußerste Vorsicht walten zu lassen.

Der Nutzen, den der Ethiklehrer aus der Literatur ziehen kann, ist gewaltig, findet in den auf die philosophischen Klassiker fixierten Lehrplänen aber noch keine Berücksichtigung. Dazu bedürfte es einer Abstimmung mit dem Deutschunterricht. Der Vorteil des literarischen Zugangs liegt darin, dass er die gelebte Dimension des Ethischen in den Blick rückt. Das betrifft insbesondere die Romanliteratur. Aus dem 18. Jahrhundert seien nur die puritanischen Romane genannt, die sich dem psychologischen Mechanismus der Verführung widmen und die deutlich machen, dass die eindeutige Trennung in Verführer und Verführte, in Täter und Opfer, der Erlebniswirklichkeit nur selten entspricht. Im 19. Jahrhundert folgt dann eine gewaltige Erweiterung des Horizonts der moralischen Erfahrung, die vor keinem noch so dunklen und abgründigen Bezirk der menschlichen Seele Halt macht. Die Analysen der Selbsttäuschungsmechanismen werden immer subtiler, und damit wächst die Faszination, die vom Bösen ausgeht, um ein Vielfaches. Nicht zufällig hat der französische Lyriker Charles Baudelaire seine wohl bekannteste Gedichtsammlung *Die Blumen des Bösen* genannt. Dieser Titel wird in der zweiten Hälfte des 19. Jahrhunderts zum Programm einer Künstlermoral, die dem Erlebnisstandpunkt der ersten Person verpflichtet ist. Das subjektive Böse entzieht sich den objektiven Kriterien der Handlungsethik und macht eine Zustandsethik erforderlich, wie sie Schopenhauer zu Beginn des 19. Jahrhunderts entwickelt hat.

Bei dem Gedanken an Schopenhauer erinnert sich der Ethiklehrer eines literarischen Textes, dessen Lektüre bei ihm einen nachhaltigen Eindruck hinterlassen hat. Das bringt ihn auf den verwegenen Gedanken, seiner Klasse den Text zu empfehlen, da er sich wie kaum ein anderer dazu eignet, Schüler mit den abgründigen Innenwelten des modernen Menschen vertraut zu machen. Der Text trägt den für den Ethikunterricht passenden Titel *Der Immoralist* und stammt von dem französischen Schriftsteller André Gide. Die Erzählung handelt von einem Mann, der auf seiner Hochzeitsreise durch Nordafrika erkrankt und von seiner Frau gesund gepflegt wird. Jahre später zieht es den Mann wieder an die Orte seiner ersten Reise, und als seine Frau, die ihn nur widerstrebend begleitet, an Tuberkulose erkrankt, lässt er sie allein in einem Hotel sterben. Ihn zieht nämlich eine bis dahin verschwiegene Neigung zu den afrikanischen Lustknaben, deren er sich schon auf seiner Hochzeitsreise bedient hatte. Das ist eine an psychologischer Schärfe kaum zu übertreffende Schilderung eines unheilvollen Zustandes, den der Betroffene selbst als quälend empfindet. Er entdeckt in sich eine übermächtige homosexuelle Veranlagung, mit der er in den sozialen Verhältnissen, in denen er lebt, seelisch nicht fertig wird. Worin liegt das Böse und worin besteht die Schuld? Der Vorwurf der Frau lautet: »Du liebst das Unmenschliche«, worauf sich der Mann verteidigt: »Ich habe gesucht und gefunden, was meinen Wert ausmacht: eine Art Beharren im Schlimmsten« (IM 305). Damit benennt Gide die Unauflöslichkeit der bösen Zustände, aus denen sich auch die Verdammten in Dantes Hölle nicht befreien können. Aber hat im 20. Jahrhundert die Moral, und eine christliche zumal, noch das Recht, jemanden zu ewigen Höllenqualen zu verurteilen? Immerhin rechnet sich Gides Held das »Beharren im Schlimmsten« als eigenen Wert an, auf den er offenbar unter keinen Umständen zu verzichten bereit ist.

Man braucht keine literarische Figur zu sein, um der Faszination der bösen Zustände zu erliegen. Jeder, auch die Schüler kennen die Erfahrung des intensiven Lebensgefühls, das mit der Übertretung von Verboten verbunden ist. Dazu kommt der Kitzel der Geheimhaltung, die uns ein Gefühl der Überlegenheit und Stärke vermittelt. Natürlich ist das Überlegenheitsgefühl nicht stabil, es kippt leicht in Unsicherheit und Angst um. In der Gegensätzlichkeit der Gefühle aber liegt die Faszination der bösen Zustände, die uns gefangen halten, auch wenn wir aussteigen wollen. Je mehr wir uns befreien wollen, desto tiefer sacken wir ein. Wir machen die bedrückende Erfahrung moralischer Ohnmacht, die darin besteht, dass wir bestimmte Dinge einfach nicht lassen können. Das ist das Doppelgesicht des subjektiven Bösen, dessen moralische Bewältigung ganz andere Kategorien erfordert als die von der objektiven Handlungsethik bereitgestellten.

Damit ist der Ethiklehrer an dem Punkt angelangt, an dem er Schopenhauer ins Spiel bringen kann. Denn Schopenhauers Metaphysik des Willens liefert eine Erklärung für einen Zustand des moralischen Bewusstseins, in dem Gut und Böse noch ungeschieden sind. Der Lehrer kann sich für seine Zwecke auf die subjektive Seite des Willensbegriffs beschränken, die Schopenhauer unter dem Titel »Vom Primat des Willens im Selbstbewusstsein« behandelt (WWV 2,259 ff.). Abweichend vom rationalistischen Subjektbegriff, der im cartesischen »Cogito« seinen klassischen Ausdruck findet, betrachtet Schopenhauer die triebhafte Natur als Kern und Wesensgrund des Menschen. Für die Selbsterfahrung folgt daraus, dass alles Denken in einen gefühlsmäßigen Horizont eingebettet ist, der sich niemals restlos in Begriffe auflösen lässt. Das Lebensgefühl ist nicht reine Passivität, reines Erleiden, sondern es entsteht aus innerer Unruhe, die im Geschlechtsleben ihren konzentrierten Ausdruck findet. Wenn Schopenhauer vom Willen spricht, meint er demnach nicht die Fähigkeit, frei zu entscheiden, sondern ein permanentes Streben nach Befriedigung der Bedürfnisse, das er in die Formel »Wille zum Leben« fasst. Das Streben verläuft nicht harmonisch, sondern ist in sich widersprüchlich, so dass der Mensch niemals den Zustand endgültiger Wunscherfüllung erreichen kann.

Die Triebhaftigkeit veranlasst Schopenhauer, den Willen als »blind« zu bezeichnen. Damit ist gemeint, dass der Mensch in seiner Lebensgier nicht auf die Folgen seines Tuns achtet. Sigmund Freud hat diesen Gedanken später in sein Lustprinzip aufgenommen, das, sich selbst überlassen, die Zerstörung des Organismus in Kauf nimmt. Insofern hat Schopenhauers Willensbegriff nichts mit den Instinkten zu tun, denen immer schon eine lebenserhaltende Funktion zukommt. Der Wille ist vielmehr reine Triebhaftigkeit, die im Selbstbewusstsein des Menschen ein intensives Lebensgefühl erzeugt, an dem rationale Überlegungen häufig abprallen.

Der Wille als letzte Ursache jeder Aktivität ist selbst grundlos und liegt daher außerhalb der Zeit. Das macht die Unveränderlichkeit des Willens aus, der in allen seinen Äußerungen immer nur sich selbst bestätigt. Diese Überlegungen führen bei Schopenhauer zu einer Metaphysik, deren Nachvollzug heute Schwierigkeiten bereitet. Hinsichtlich der Unveränderlichkeit des so genannten Weltwillens kann man sich aber auf eine Lesart verständigen, die durch Freuds Trieblehre nahegelegt wird. Sie besagt, dass Triebe konservativer Natur sind und dazu tendieren, einen Anfangszustand wiederherzustellen. Wie immer es mit dieser Interpretation stehen mag, entscheidend ist, dass Schopenhauers Willensmetaphysik den Menschen daran erinnert, dass er kein rein geistiges Wesen ist, kein »Engelskopf ohne Leib«, wie Schopenhauer sich ausdrückt. Körperlichkeit und Sinnlichkeit verdunkeln das Bewusstsein, so dass man sagen kann, der Mensch beziehe sein Selbstgefühl aus dem toten Winkel seiner selbst.

Das ist aber noch nicht alles, was Schopenhauer dem Ethiklehrer zu sagen hat. Lehrreich ist auch seine Charakterlehre, die Licht auf das moralische Bewusstsein wirft. Wie der Körper des Menschen drückt der Charakter seinen Willen zum Leben aus, der nach immer neuen Erscheinungsformen sucht. Schopenhauer unterscheidet drei Charaktere: den empirischen, den intelligiblen und den erworbenen. Der empirische Charakter ist veränderlich und hängt von den Lebensumständen ab. Der intelligible Charakter dagegen ist außerzeitlich und verleiht allen Taten des Menschen ein einheitliches Gepräge. Er steht für die Einsicht, dass kein Mensch sich im Laufe seines Lebens ändert. Was sich ändert, sind lediglich die Objekte seines Strebens, dessen Richtung aber ändert sich nicht. Jemand mag in der Jugend bestimmte Dinge tun, im Alter dagegen andere. Aber die Art und Weise, wie er die Dinge tut, bleibt immer dieselbe. Daher ist es zwecklos, durch moralische Vorschriften jemanden zu einem anderen Menschen machen zu wollen. Hier liegen die Grenzen jeder praktischen Ethik, die Schopenhauer klar erkannt und eindrucksvoll beschrieben hat.

Die Unveränderlichkeit des intelligiblen Charakters, die im Selbstbewusstsein ihren Ausdruck findet, besagt jedoch nicht, dass jede moralische Erziehung zwecklos ist. Nur kann sie laut Schopenhauer nicht von außen durch Vorschriften erfolgen, sondern muss von innen kommen und bei der Zuständigkeit des intelligiblen Charakters ansetzen. Als Radikallösung schwebt Schopenhauer die Verneinung des Willens zum Leben vor. Ethik führt hier zur Erlösung vom Leiden an der Welt. Dieser Weg ist freilich nur in Ausnahmefällen praktikabel und sollte den Schülern daher nicht als Vorbild angepriesen werden. Vor der Willensverneinung aber eröffnet sich auch für Schopenhauer ein weites Feld moralischen Verhaltens, das er in seiner Lehre vom erworbenen Charakter beschreibt. Der erworbene Charakter steht für die Freiheit, die dem Menschen trotz der Unveränderlichkeit seines intelligiblen Charakters bleibt. Die Freiheit ist nicht die des Willens und der daraus resultierenden Handlungen, sondern allein die Freiheit der Erkenntnis des Unabänderlichen, das den Menschen von der tierischen Instinktgebundenheit unterscheidet. Nur indem er sich seinen Charakter ins Bewusstsein hebt und ihn anerkennt, kann der Mensch Herr über seine bösen Zustände werden.

Die Theorie der Grundlosigkeit des Willens und der Unveränderlichkeit des intelligiblen Charakters, mit der Schopenhauer das moralische Bewusstsein erklärt, kann der Lehrer in die Sprache der modernen Hirnforschung übersetzen. Das ist eine interessante Übung, die den Schülern einen Begriff davon vermittelt, wie aktuell scheinbar verstaubte Texte sein können. Die Neurowissenschaft, mit deren Sprache die junge Generation aus Wissenschaftsmagazinen vertraut ist, lehrt: Es gibt für jeden Menschen ein genetisch vorgegebenes Programm mit flexiblen Ausgangspotentialen. Die Realisierung dieser Potentiale setzt voraus, dass die in den neuronalen Netzen des Gehirns eingeschriebene Information benutzt wird. Diesen Vorgang beschreibt Schopenhauer in seiner Lehre vom erworbenen Charakter, »den man erst im Leben, durch den Weltgebrauch erhält und von dem die Rede ist, wenn man gelobt wird als ein Mensch, der Charakter hat, oder getadelt als charakterlos« (WWV 1,416). Der Mensch wird also durch die Unveränderlichkeit des genetischen Programms nicht zum Automaten. Der Lernprozess nutzt und schafft Spielräume, die sich auch in unseren Bewusstseinszuständen bemerkbar machen. Das betrifft insbesondere unser Erleben der Freiheit, das an das Zeitbewusstsein gebunden ist.

II

Freiheit im Bewusstsein

Die Kontroverse zwischen Freiheit und Determinismus gehört zu den Themen des Ethikunterrichts, die zunächst den logischen Scharfsinn der Schüler herausfordern, ihn dann aber ermüden, da keine befriedigende Lösung in Sicht ist. Sicherlich bildet die Willensfreiheit die notwendige Voraussetzung für moralisch verantwortliches Handeln, das den Menschen vom Tier unterscheidet. Ein abgerichtetes Tier, das nicht gehorcht, mögen wir zwar bestrafen, wir kämen aber niemals auf den Gedanken, ihm moralische Vorwürfe zu machen. Die Sonderstellung des Menschen bereitet aber theoretische Schwierigkeiten, da der Mensch als Teil der organischen Natur in seinem Verhalten genauso determiniert ist wie die Tiere. Die Handlungsethik ist daher gezwungen, für

Die Faszination des Bösen

die freie Handlung eine Unterbrechung der Kausalkette anzunehmen. Das aber käme einem Wunder gleich, mit dem sich der wissenschaftliche Geist nur schwer abfinden kann.

Aus diesem Dilemma versucht sich Kants Ethik durch die Annahme einer rein intelligiblen Natur des Menschen zu retten. Das Resultat ist aber alles andere als befriedigend ausgefallen. Da eine Deduktion der Freiheit Schwierigkeiten macht, bezeichnet Kant das Sittengesetz als »Faktum der Vernunft«, was einem hölzernen Eisen gleichkommt. Entsprechend gekünstelt wirken die Hilfsbegriffe »notwendige Hypothese« und »Postulat«, mit denen Kant seine Konstruktion abstützt. Schließlich kommt man um das Eingeständnis nicht herum, dass unbegreiflich bleibt, wie Freiheit und Naturnotwendigkeit zusammen bestehen können.

Vom Standpunkt der gelebten Moral allerdings sieht die Sache anders aus. Der Zustand des Bewusstseins, in dem gute und böse Gedanken beieinander wohnen, eröffnet eine Deutungsmöglichkeit des Freiheitsproblems, die auf Schopenhauer zurückgeht. Schopenhauer, der Kants Ethik einer scharfen Kritik unterzieht, ist Determinist und leugnet die Handlungsfreiheit. Das bedeutet aber nicht, dass der Mensch dadurch moralisch unzurechnungsfähig wird. Die moralische Verantwortung bleibt nämlich erhalten, wenn man mit Schopenhauer die Freiheit von der Ebene der Handlungen auf die der Vorstellungen und Gedanken verlegt, die zur Entscheidung führen. Wie wir mit unseren Vorstellungen in moralischer Absicht umgehen, eröffnet dem Ethiklehrer ein weites Feld moralpsychologischer Gedankenexperimente, an denen sich die Schüler gern beteiligen.

Der junge Mensch erlebt die Freiheit als Gegenwart, von der Schopenhauer sagt, sie sei »die einzige Form des wirklichen Lebens« (WWV 1,386). Der Freiheit des Augenblicks begegnet beispielsweise der Jugendliche, der aus dem Elternhaus auszieht. Endlich kann er über sich selbst verfügen. Ihn erfasst ein Gefühl des Fliegens. Frei vom lästigen Zwang der elterlichen Vorschriften schwebt er über den Wolken, wo die Freiheit angeblich grenzenlos sein soll. Aber das kommt dem jugendlichen Geist nur so vor, denn die Grenzenlosigkeit der Freiheit ist in Wirklichkeit Befreiung zu seinen Trieben und Wünschen, die nur Gegenwart kennen. Sobald der erste Aufschwung verrauscht ist, folgt die Ernüchterung in Form der Frage, wie die Zukunft aussehen soll.

Am anderen Ende der Skala, nämlich für den alten Menschen, sieht das anders aus. Über das Gegenwartserleben schieben sich Erinnerung und Rückblick, wodurch das, was in der Jugend als Spontaneität und Einmaligkeit erlebt wurde, ein anderes Gesicht bekommt. Im Alter entdecken wir, dass wir in verschiedensten Situationen immer nach dem gleichen Muster gehandelt haben. Das Einmalige verwandelt sich ins Typische, das den Traum der individuellen Freiheit zerstört. Das Resultat ist Moralskepsis, aus der alte Menschen das Recht ableiten, nur noch sich selbst zu leben, was nach außen als Altersstarrsinn erscheint.

Das normale moralische Bewusstsein bewegt sich zwischen beiden Extremen. In der Regel fühlen wir uns in unserem Denken und Fühlen weder absolut frei noch absolut gebunden, sondern beides zugleich. In gewissen Situationen erfahren wir, dass wir einfach nicht anders können. Aber das gilt nur bis zu einem gewissen Grad. Wo es wirklich ernst wird, können wir zu unserer eigenen Überraschung Grenzen überschreiten, die wir bis dahin für unüberschreitbar gehalten haben. Diese Beschreibung macht deutlich, dass wir moralische Freiheit nie als Willensfreiheit im Sinne der indifferenten Wahl erfahren, so wie man in der Mode zwischen verschiedenen Farben wählen kann. Moralische Freiheit heißt immer Erfahrung eines konfliktreichen Bewusstseinszustands, dessen Lösung uns als ethische Verpflichtung aufgegeben ist.

Aus der Erlebnisperspektive der ersten Person erhält der Begriff der moralischen Handlungsfreiheit eine neue Bedeutung. Nicht darum geht es, die Motivkette zu zerreißen und einen absoluten Neuanfang zu setzen, sondern den Konflikt der Motive auszugleichen. In diesem Sinn ersetzt Schopenhauer die Willensfreiheit durch »Deliberationsfähigkeit«, die der Mensch dem Tier voraus hat und die darin besteht, die Stimme der einander widerstreitenden Triebe in Ruhe anzuhören. Denn wie die Psychoanalyse lehrt, garantieren nur Triebe, die nicht verdrängt werden, ein gutes Leben. Schopenhauer sieht daher das Ethische in der Fähigkeit, abzuwarten, bis ein Konflikt der Motive »ganz durchgekämpft« ist (WWV 1,409). Nur auf diese Weise gelangt der Mensch zu einem angemessenen Selbstverständnis seines intelligiblen Charakters, worin sich die Stärke seines erworbenen Charakters äußert. Charakterschwäche dagegen zeigt sich in der Voreiligkeit, die den Ausgang im Kampf der Motive nicht abwarten kann und daher Entscheidungen fällt, die der Situation nicht angemessen sind: »Darum ist das bloße Wollen und auch Können an sich noch nicht zureichend, sondern ein Mensch muss auch wissen, was er will, und wissen, was er kann: erst so wird er Charakter zeigen, und erst dann kann er etwas Rechtes vollbringen.« (WWV 1,418)

Das besonnene Abwägen der Motive führt zu einem Zustand der Selbsterkenntnis, die den Menschen von der ausschließlichen Bindung an die Gegenwart als der einzigen Form des wirklichen Lebens befreit. Die Befreiung heißt allerdings nicht notwendig Erlösung in die Zeitlosigkeit, von der Schopenhauer unter dem Eindruck buddhistischer Lehren träumt, sondern sie besteht darin, den Takt der neuronalen Uhr, die, wie die moderne Gehirnforschung herausgefunden hat, auf drei Sekunden programmiert ist, auf Tage, Monate, Jahre und im Grenzfall auf das ganze Leben auszuweiten. Psychologie und Literatur haben für dieses Phänomen psychischer Grenzzustände eindrucksvolle Beispiele geliefert. Im Moment höchster Todesangst, so wird berichtet, rollt vor dem inneren Auge des Bedrohten der Film seines Lebens im Zeitraffer ab. Die moralische Freiheit scheint etwas von dieser Zeiterfahrung, die auf der Schwelle zur Zeitlosigkeit liegt, vorwegzunehmen. Denn das Abwarten des Ausgangs im Kampf der Motive und die Besonnenheit sind nicht identisch mit entspannter Gleichgültigkeit, sondern werden als Zustand der Anspannung erlebt, in dem das bisherige Leben mit all seinen Höhen und Tiefen konzentriert ist.

Die Repräsentation des gesamten Lebenslaufs verleiht dem Bewusstsein den Aggregatzustand, den wir als moralische Freiheit erleben. Schopenhauer hat diese Erfahrung in seine Metaphysik in der Form aufgenommen, dass der individuelle Lebenslauf den Willen repräsentiert, so wie jede einzelne Handlung das Ganze des Lebens darstellt: »Der Wille, dessen Erscheinung das ganze Sein und Leben des Menschen ist, kann sich im einzelnen Fall nicht verleugnen, und was der Mensch im Ganzen will, wird er auch stets im Einzelnen wollen« (WWV 1,402). Eben dieses zu erkennen und anzuerkennen, macht den Zustand der moralischen Freiheit aus, wenn also der Mensch sein gegenwärtiges Tun in Beziehung zu seinem ganzen Leben setzt. Die Ethik darf sich demnach nicht auf die Betrachtung und Bewertung isolierter Handlungen beschränken, sondern muss vom Selbstverständnis des ganzen Menschen ausgehen. »Sünde ist eine ganze, schlecht zusammengefügte Existenz«, hat der moderne italienische Dichter Cesare Pavese in seinem Tagebuch notiert. »Schlecht zusammengefügt« (HL 48) ist eine Existenz dann, wenn keine Kommunikation zwischen den Phasen der seelischen Entwicklung stattfindet und infolgedessen keine zusammenhängende Lebensgeschichte entsteht. Der Moralphilosoph George Edward Moore hat diese Einsicht auf den Begriff der »organischen Ganzheit« gebracht, um das moralisch Gute aus der Fixierung auf die einzelne Tat zu befreien.

III

Klärung der Affekte

Der Ethiklehrer, der den Standpunkt der gelebten Moral ernst nimmt, braucht fundiertes moralpsychologisches Wissen, das ihm in der akademischen Ausbildung selten vermittelt wird. Das heißt natürlich nicht, dass dieses Wissen nicht vorhanden wäre. Man muss nur wissen, bei welchen Autoren man es findet. Hier lassen sich noch überraschende Entdeckungen machen, die insbesondere die Art und Weise betreffen, wie wir das Ideal einer moralischen Existenz verwirklichen können. Denn das Gute ist kein Gegenstand, den man aufgrund eines einmaligen Entschlusses ergreifen kann, sondern ein Zustand, der sich auf Dauer nur mit Mühe gegen den Sog des Bösen aufrechterhalten lässt.

Die bisherigen Überlegungen haben gezeigt, dass man das Böse nicht einfach mit den Bedürfnissen und Triebregungen der Menschen gleichsetzen kann, die der Mensch mit den Tieren teilt. Die Biologen sprechen daher zu Recht vom »so genannten Bösen«, unter das vor allem die Aggression fällt. Das eigentliche Böse ist dagegen darin zu suchen, wie sich der Mensch zu seinen Trieben verhält. Das hat auch Kant in seinem Spätwerk *Die Religion innerhalb der Grenzen der bloßen Vernunft* so gesehen, ein Text, aus dem der Ethiklehrer mehr Nutzen ziehen kann als aus der *Kritik der praktischen Vernunft*. Das Problem, vor das sich Kant in seiner Religionsschrift gestellt sieht, ist das des Widerstreits von Sinnlichkeit und Vernunft, von Charakter und Freiheit. Da Selbstbestimmung von Kant als »intelligible Tat« angesehen wird, die vor aller Erfahrung liegt, kann das moralisch Gute nur unter Mitwirkung Gottes zustande kommen. Übersetzt man dieses Stück protestantischer Theologie der Gnadenwahl ins Anthropologische, so ergibt sich eine Theorie der moralischen Selbsterzeugung des Menschen durch Selbsterfahrung. Diese besteht in der Ehrlichkeit des Menschen gegenüber sich selbst. Daher geißelt Kant den Hang zum Selbstbetrug, die »Unredlichkeit, sich selbst blauen Dunst vorzumachen«, als »radikale Verkehrtheit« des menschlichen Herzens (RV 36). Das »radikale Böse« ist an die Kreatürlichkeit und Sinnlichkeit des Menschen gebunden, ist damit aber nicht identisch, sondern besteht im falschen Umgang des Menschen mit seiner triebhaften Natur. Das Böse erweist sich demnach als geistiger Defekt, als Mangel an Mut zur Klarheit über sich selbst.

Zur Klarheit über sich selbst gehört nicht zuletzt das Eingeständnis, dass wir zu Regungen fähig sind, die wir an anderen verurteilen. Gerade in dieser Hinsicht ist falsches Bewusstsein besonders verbreitet. Uns selbst und andere messen wir in der Regel mit verschiedenen moralischen Maßstäben. Das liegt an den falschen Selbstbildern, die wir uns unter Anleitung falscher Vorbilder zugelegt haben und von denen wir nur ungern Abschied nehmen. Wer unser Selbstbild korrigieren will, dem begegnen wir in der Regel abweisend und feindselig. Das darf man in der moralischen Erziehung nie vergessen. Wenn sich beispielsweise jemand in der Klasse als Tyrann aufspielt, so kommt er sich meistens als Held vor, und der Ethiklehrer braucht viel Einfühlungsvermögen und Geduld, um dem vermeintlichen Helden klarzumachen, dass er in Wirklichkeit alles andere ist als das.

Wo der Lehrer ansetzen kann, um die Schüler von falschen Selbstbildern zu befreien, darüber gibt Spinozas *Ethik* Aufschluss, die in den Lehrplänen kaum Berücksichtigung findet. Spinozas *Ethik* ist zwar voll von schwer vermittelbaren metaphysischen Passagen, doch das gut lesbare dritte Buch behandelt das menschliche Affektleben. Die Besonderheit der Affektenlehre liegt darin, dass Spinoza die Affekte auf der Ebene der Einbildungskraft behandelt. Damit befreit er sich vom Naturalismus und gibt dem Affektleben einen Zustand, der es dem Menschen ermöglicht, regulierend einzugreifen. Spinozas *Ethik* enthält somit ein Stück kognitiver Psychologie, die in ihrer Nüchternheit die junge Generation vielleicht mehr anspricht als den Lehrer. Spinoza gelingt es, den Leser in die Innenwelt der menschlichen Gefühle zu führen, ohne sentimental und romantisch zu werden. Im Gegenteil: Eine Parzellierung des Gefühlslebens in einzelne Affekte setzt einen distanzierten Blick voraus, wie er auch von vielen modernen Kognitionspsychologien eingenommen wird.

Affektive Zustände betrachtet Spinoza als Vorstufen des Bösen, und daher muss moralische (Selbst-)Erziehung bei der Kontrolle der Affekte ansetzen. Hier findet der Ethiklehrer eine beeindruckende Moralpsychologie, mit der sich im Unterricht etwas anfangen lässt. Die Kontrolle der Affekte erfolgt nämlich über die Vorstellungen, die sich der Mensch von der Welt macht. Nicht die Vernunft, sondern die Phantasie ist demnach das elementare Moralorgan. Zahlreiche Paragraphen im dritten Buch von Spinozas *Ethik* beginnen mit der Formel: »Ich stelle mir vor...«, und was dann folgt, sind Szenen und Bilder. So z. B. die Szene, dass andere ihre »Schamglieder und deren Entleerungen« mit der Frau, die man liebt, verbinden. In derartigen Vorstellungsbildern werden keine Geschichten erzählt, sondern Emotionen isoliert und fixiert. Daraus erwächst nach Spinoza die moralische Hauptgefahr, da die Fixierung der Affekte auf eine Vorstellung den Blick für die Wirklichkeit trübt. Diese ist in der Regel bewegter und vielschichtiger, als es die emotionale Fixierung unserer Einbildungskraft zulässt.

Hier nimmt das Böse Züge des Pathologischen an. Die Störung des Affektlebens verschiebt unsere moralischen Wertungen, deren Korrektur therapeutische Fähigkeiten erfordert. Damit steht Spinoza am Anfang einer moralpsychologischen Tradition, die fortgeführt durch Schopenhauer und verstärkt durch die Psychoanalyse Freuds bis zu den Selbsterfahrungspraktiken der Gegenwart reicht. Das ist ein weites und gefährliches Feld, das der Ethiklehrer nur mit äußerster Vorsicht betreten sollte. Der unpersönliche und kognitive Duktus von Spinozas *Ethik* schafft Distanz, so dass der Lehrer keine Gefahr läuft, sich in die Innenwelten der Schüler einzuschleichen. Aber er kann einige grundlegende Einsichten in die Struktur des menschlichen Seelenlebens vermitteln, die für das moralische Bewusstsein von zentraler Bedeutung sind. Die von der psychoanalytischen Theorie bestätigte und ausgebaute Grundeinsicht besteht darin, dass abgespaltene Gefühlsregungen auf das Seelenleben zerstörerisch wirken und im Extremfall zur Spaltung der Persönlichkeit führen können. Abgespalten aber bleiben all die Regungen, die wir in unserem Bewusstsein nicht zulassen. Es handelt sich also um einen Zustand gestörter Kommunikation, in dem der Mensch sich selbst täuscht. Daraus entspringt entweder Krankheit oder moralische Bosheit, die nicht selten miteinander in Verbindung stehen.

Zur Behebung der Kommunikationsstörung zwischen unbewussten Wünschen und moralischen Wertungen bedarf es der Erfindung einer Sprache, mit der sich die Affekte klären lassen. In der Suche nach einer Sprache, die Affekte mitteilbar macht, liegt eine der wichtigsten Aufgaben des Ethiklehrers. Die Didaktik der Ethik hat davon bisher allerdings kaum Notiz genommen. Aber gerade die Unterscheidung moralischer Entwicklungsstufen, auf die sich insbesondere die Diskursethik stützt, erfordert eine Spracherziehung, die Schüler in die Lage versetzt, die Blockade der Selbstverständigung zu durchbrechen. Das zeigt sich besonders an der Sprache, in der Schüler mit Gewalt und Sexualität umgehen. Der brutale und gemeine Ausdruck fasziniert, solange der Schüler nicht durchschaut, dass er in den Netzen der Sprache sich selbst gefangen hält. Wo Konflikte nur als »auf die Fresse hauen« und Sexualität nur als »ficken« wahrgenommen werden, besteht für den Schüler keine Möglichkeit, ein differenziertes und reicheres Gefühlsleben zu entwickeln. Moralische Erziehung umfasst demnach auch und in erster Linie Sprachkritik. Das bedeutet allerdings nicht Verbot von ›schlimmen‹ Ausdrücken. Gerade aus der Faszination, die sprachliche Bilder ausüben, kann der Ethiklehrer Nutzen ziehen. Es gibt nämlich Situationen, in denen drastische Sprache durchaus klärend wirkt. Nur wer den Mut findet, die Dinge zur rechten Zeit beim Namen zu nennen, der hat die Chance, mit sich und der Welt zu kommunizieren.

Der größte Nutzen, den der Ethiklehrer aus der Thematisierung des Bösen ziehen kann, ist die Einsicht in den prozesshaften Charakter des Guten. Die normative Ethik neigt dazu, das Gute als isolierte Handlung oder Charaktereigenschaft zu interpretieren, die sich eindeutig vom Bösen abgrenzen lässt. Die Einhaltung der rechten Mitte oder die Verallgemeinerungsfähigkeit der Maximen sind die bekanntesten Abgrenzungskriterien. Aber es kann kein Zweifel daran bestehen, dass die Anwendung dieser Kriterien im Bereich der gelebten Moral Schwierigkeiten bereitet. Denn bevor wir eine Handlung bewerten, müssen wir sie beschreiben und feststellen, und dies ist oft schwierig oder gar unmöglich. Für die moralische Praxis bedeutet das: Zum Guten gelangt man nicht durch Anwendung von Kriterien und Überprüfung von Maximen, sondern dadurch, dass man sich um Klarheit seiner Vorstellungen und Gedanken bemüht. Wir neigen häufig aus Faulheit dazu, Verhaltensweisen und Zustände als normal hinzunehmen, obwohl uns unser Verstand sagt, dass etwas nicht in Ordnung ist. Wir ziehen es vor, wegzuschauen, um unsere gewohnten Bahnen nicht verlassen zu müssen. Und selbst, wenn wir uns dazu entschließen, können wir keineswegs sicher sein, zur endgültigen Klärung der Affekte zu gelangen. Das moralisch Gute bleibt somit ein Gut, das wir immer von neuem dem Bösen abringen müssen.

3. Kapitel

Lust auf Moral.
Metamorphosen des Hedonismus

›Lust! Du erhabener großer Name, der du nichts Beliebtes, was Einschmeichelung bei sich führt, in dir fassest, sondern Unterwerfung verlangst, doch auch nichts drohest, was natürliche Abneigung im Gemüte erregte und schreckte, um den Willen zu bewegen, sondern bloß ein Gesetz aufstellst, welches von selbst im Gemüte Eingang findet ...‹, ein Gesetz, das Sigmund Freud »Lustprinzip« genannt hat. Das Lustprinzip ist ein brutales Gesetz, da es auf die Folgen des Luststrebens der Menschen keine Rücksicht nimmt. Das Tier ist hier durch seine Instinkte geschützt, der Mensch muss sich auf seinen Geist verlassen. Aber das Fleisch ist willig und der Geist ist schwach. Hier hilft nur eine Kultur der Sinnlichkeit, um der Weisheit des Körpers wieder Gehör zu verschaffen.

Die Zeiten, in denen der Junge errötend den Spuren des Mädchens folgte und das weiße Kleid dem jungen Mädchen Zeit gab, zu scheinen bis es wird, diese Zeiten sind endgültig vorbei. Heute muss es das ›kleine Schwarze‹ sein, das beide ›anmacht‹. Die Anti-Aids-Plakate nutzen diese Schiene längst, um die Jugendlichen zu motivieren, es ›mit‹ zu machen. Warum sollte es nicht auch im Ethikunterricht gelingen, durch zeitgemäße Bilder die Schüler davon zu überzeugen, dass Rücksichtnahme, Verantwortungsbewusstsein und andere Tugenden zur Lust dazugehören? Dass man bei der Jugend mit der »schönen Seele« allein nichts mehr ausrichten kann, hat sich bis zu den Lehrplan-Kommissionen offenbar aber noch nicht herumgesprochen.

Das Verhältnis der Ethik zur Lust ist seit jeher verklemmt und verleiht dem Wort »Moral« nicht selten einen zweideutigen Klang. Der Ausdruck »moralinsauer« zur Bezeichnung einer penetranten Sittenstrenge legt davon ein beredtes Zeugnis ab. Verlogenheit und Spießigkeit im moralischen Urteil, insbesondere den Bereich des Erotischen betreffend, haben im 19. Jahrhundert merkwürdige Blüten getrieben. So war es im viktorianischen England üblich, Stuhl- und Tischbeine mit gehäkelten Strümpfen zu versehen, da der Anblick ›nackter Beine‹ zu ungehörigen Assoziationen verleiten konnte. Dass sich derartige Auswüchse moralischer Heuchelei gerade in England ereigneten, erklärt sich daraus, dass hier zwei Welten mit besonderer Heftigkeit aufeinander prallten. Auf der einen Seite die Welt der puritanischen Askese, auf der anderen Seite die fortschreitende Industrialisierung mit den Verlockungen einer Wohlstandsgesellschaft. Asketische Ideale, die der christlichen Tradition entstammen, und diesseitsorientierte Lebensformen, die dem Geist des Kapitalismus entsprechen, haben ein moralisches Spannungsfeld erzeugt, für dessen Ausgleich die Ethik noch nicht gerüstet war.

Wie weit Ausläufer dieser Spannung noch in unser Jahrhundert hineinreichen, belegt die katholische Sexualmoral. Gott sei Dank lassen sich immer weniger Gläubige dadurch in Gewissenskonflikte bringen, so dass man sie nur noch als Symptom für ungelöste Probleme innerhalb der Kirche betrachten kann. Als solches aber ist die Sexualmoral für die Ethik insgesamt aufschlussreich, da sie eine Paradoxie der moralischen Existenz deutlich macht. Nämlich die, dass der Mensch als sinnliches Wesen Teil einer Lebenswelt ist, zugleich aber als geistiges Wesen mit dem Anspruch auftritt, über dieser Welt zu stehen. Wie lässt sich diese Paradoxie, die sich am stärksten im Bereich der Erotik bemerkbar macht, auflösen?

Ein Beispiel dafür, wie man es nicht machen soll, liefert die Ethik Kants. So eindrucksvoll seine moralphilosophische Konstruktion vom logischen Standpunkt aus auch erscheint, so fragwürdig sind ihre anthropologischen Voraussetzungen. Immer wenn der Lehrer aus der *Kritik der praktischen Vernunft* vorliest, fühlen sich die Schüler in zwei Teile zerlegt, die nichts miteinander zu tun haben: in ein sinnliches Wesen einerseits, das von außen bestimmt wird, und in ein geistiges Wesen andererseits, das sich von innen selbst bestimmt. Aber das entspricht nicht ihrem natürlichen Lebensgefühl, in dem Verpflichtungen und Neigungen so miteinander verflochten sind, dass es selten ohne psychische Konflikte zugeht. Das ist kein bequemer Zustand, er drückt aber unsere Existenz aus, in der Körper und Geist, Rezeptivität und Spontaneität eine unzertrennliche Einheit bilden. So bleibt trotz allem Realismus, den man Kant als Anthropologen nicht absprechen kann, eine Diskrepanz zwischen der ethischen Theorie und der lebensweltlichen Praxis.

Ein erster Schritt zu ihrer Überwindung besteht darin, die Lebenswirklichkeit unserer postindustriellen Erlebnisgesellschaft auch im Denken zur Kenntnis zu nehmen. Das bedeutet Anerkennung der Diesseitsorientierung unserer Lebensformen und der damit verbundenen Verschiebung der Wertvorstellungen in Richtung auf Sinnlichkeit und Äußerlichkeit. »Ästhetisierung der Lebenswelt« mit Tendenz zur »erotischen Rechtfertigung der Welt« lauten die Stichworte. Das ist aber noch nicht alles. Das Ausmaß der Freisetzung der Sinnlichkeit durch die Warenwelt und die Medien wird erst deutlich, wenn man in den Phänomenen, die vom traditionellen

Standpunkt als Veräußerlichung und Verflachung eingestuft werden, eine neue Reflexionsebene erkennt. Es ist die Ebene der Selbstdarstellung, die der Tradition der Innerlichkeit suspekt war. Man mag die Erscheinungen des »lifestyle« übertrieben und modisch finden – was sie oft genug auch sind –, es ist aber nicht zu übersehen, dass sich hier eine neue Dimension sinnlicher Reflexion eröffnet, die für die Ethik weit reichende Konsequenzen hat. Schon Ende des 19. Jahrhunderts hat Friedrich Nietzsche dieses Phänomen auf die Formel »Oberflächlichkeit aus Tiefe« gebracht, die er den Griechen zuschrieb, in der er aber auch das Leitbild für eine Philosophie der Zukunft sah.

Nun ist es sicherlich nicht damit getan, sich für die neue Erlebniswelt, in der alles so schön bunt ist, zu begeistern. Denn wo die Lust schrankenlos regiert, ist der Schmerz nicht zu vermeiden, und zwar nicht nur der punktuelle Schmerz, der aus Schicksalsschlägen jeder Art resultiert, sondern auch die durchgängige Erfahrung, dass unser Selbstbewusstsein nicht restlos in der Erlebniswelt aufgeht. Die Erfahrung der Differenz zwischen öffentlich und privat, zwischen außen und innen, bleibt niemandem erspart und kann zu seelischen Konflikten führen. Das trifft nicht nur diejenigen, die aus sozialer Not von den Freuden der Erlebniswelt weitgehend ausgeschlossen bleiben. Auch die Begünstigten kennen das Gefühl der Leere, das die Lust des Konsums hinterlassen kann. Die Verpflichtung des Lebensgefühls ausschließlich auf die Gegenwart reicht nicht aus, um den unruhig in Vergangenheit und Zukunft schweifenden Geist des Menschen zufriedenzustellen. Die Lust der Augenblicksexistenz braucht einen Horizont, in dem sich für den Einzelnen eine Sinnperspektive auftut.

Die bei rigoristischen Denkern beliebte Aufforderung

zum Lust- und Konsumverzicht hilft hier nicht weiter. Sie bleibt in dem Maße unrealistisch, wie unsere Gesellschaftsordnung von der Marktwirtschaft getragen wird. Wer nicht zum Umsturz der Gesellschaftsordnung und zur Rückkehr in urkommunistische Lebensformen aufrufen möchte, der muss die Flucht nach vorn antreten. Eine Rückkehr ins Paradies des einfachen Lebens ist uns versperrt. Auch der Ethiklehrer muss sich auf die Reise in die Lebenswelt begeben, die einerseits eine Lustreise zu werden verspricht, andererseits aber Gefahren mit sich bringt, die im Lustprinzip stecken. Denn seit Sigmund Freud wissen wir, dass Lust ein ambivalenter und konfliktreicher Zustand ist, dessen Bewältigung ein hohes Maß an Reife erfordert.

Ein Ethiklehrer, der den Mut hat, das Thema Lust in der Klasse zu behandeln, wird sich schnell der Schwierigkeiten bewusst. Denn so groß das Interesse der Schüler an diesem Thema auch sein mag, da junge Menschen sich gerne von den Freiheiten des modernen Lebens verlocken lassen, in ihrem moralischen Empfinden sind sie in der Regel zurückhaltend und konservativ. Nichts liegt ihnen ferner und nichts stößt sie mehr ab, als Libertinage und Zynismus, in die Erwachsene beim Thema Lust nicht selten verfallen. Hier hilft nur eine strenge Beschränkung auf die theoretische Klärung der Grundbegriffe und Denkformen des Hedonismus. Obwohl man im alltäglichen Sprachgebrauch einen Hedonisten jemanden nennt, der sein Leben den sinnlichen Genüssen verschreibt, ist Hedonismus als ethische Lehre alles andere als ein Freibrief für ›wildes Denken‹. Betrachtet man die Schriften Epikurs, in denen der Hedonismus seine klassische Ausprägung erfahren hat, so muten sie uns eher asketisch an. Nur so wird das nötige Reflexionsniveau gesichert, das vor einem Abgleiten in Zweideutigkeiten bewahrt.

Mit diesen Vorsichtsmaßnahmen ausgerüstet, kann sich der Ethiklehrer an das Thema Lust heranwagen und dem Hedonismus den Platz einräumen, der ihm in einem zeitgemäßen Unterricht zusteht. Aber auch dadurch sind nicht alle Schwierigkeiten beseitigt, da das Thema Lust wie kein anderes mit Generationsunterschieden zu tun hat. Für einen Ethiklehrer, der in seiner Jugend Goethes *Werther* gelesen hat, bleibt trotz der Erotisierung der Lebenswelt Lust immer noch etwas Geheimnisvolles. Wie aber mögen junge Menschen empfinden, die alles Mögliche »geil« finden und deren Gefühlshaushalt den Namen »cool« verdient? Hier tut sich ein Abgrund zwischen den Generationen auf, für dessen Überbrückung die Rolle des smarten Junglehrers aus der Fernsehserie nicht reicht. Die ethische Reflexion auf die Lust trägt nur dann Früchte, wenn sie das in der Lust selbst liegende kommunikative Potential freilegt, das Lehrer wie Schüler brauchen, um in der neuen Wirklichkeit zu einem gemeinsamen Lebensgefühl zu gelangen.

Ich stelle mir also vor, dass durch das Reflexionsmedium Lust der Ethikunterricht eine Horizonterweiterung erfährt, die der moralischen Weltfremdheit ein Ende bereitet. Das setzt allerdings voraus, dass in der Diskussion zwischen Lust als unmittelbarem Gefühl und dem Bewusstsein der Lust unterschieden wird. Dazu bedarf es zunächst einer Klärung des Lustbegriffs, die erkennen lässt, dass unter Lust ein Zustand zu verstehen ist, der viele Gegenstände umfasst (I). Dann folgt eine Geschichte des Hedonismus, die einiges zum Verständnis der modernen Lebenswelt beiträgt (II). Schließlich soll für den Hedonismus eine Zukunftsperspektive eröffnet werden, in der die kommunikative Funktion der Lust hervortritt (III).

I

Zum Begriff der Lust

Lust gehört zu den in der Ethik sträflich vernachlässigten Begriffen. Schon in der klassischen Antike wird er eher stiefmütterlich als hässlicher Bruder des Begriffs Glück behandelt, so z. B. von Aristoteles. Und blickt man auf das christliche Mittelalter, so verdunkelt sich das Bild noch mehr. Wegen der sexuellen Konnotation wird Lust im engeren Sinne als Wollust (lat. *voluptas*) unter die Todsünden eingereiht, die ewige Verdammnis nach sich ziehen. In der neuzeitlichen Ethik gibt es unablässige Versuche, das Wort durch andere zu ersetzen: Freude, Wohlgefallen usw., die allerdings ihren sinnlichen Ursprung nur schwer verleugnen können.

Der Lehrer, der sich über den Begriff und das Phänomen Lust kundig machen will, sucht in den gängigen Nachschlagewerken vergeblich. Jedenfalls erfährt er hier nichts über das hinaus, was er bereits selbst weiß. So kommt er auf den unseligen Gedanken, im Internet unter dem Stichwort »Lust« auf die Suche zu gehen und landet unweigerlich beim reichlichen Angebot pornographischer Lustbarkeiten. In seinem Verlangen nach Aufklärung über die Lust von der wissenschaftlichen Ethik allein gelassen, bleibt dem Lehrer nichts anderes übrig, als auf seine eigenen Erfahrungen zurückzugreifen und sie mit den Kenntnissen zu verbinden, die er aus der Psychologie und der Literatur erworben hat.

Er erinnert sich zunächst an Sigmund Freud, der behauptet, dass die sexuelle Befriedigung das »Original« aller menschlichen Lustempfindungen sei. Allerdings nur das Original, das im Laufe der kulturellen Entwicklung immer mehr Reproduktionen erfährt, deren Qualität dazu tendiert, das Original überflüssig zu machen oder zumindest vergessen zu lassen. Denn die Lust entspringt zwar der Sinnlichkeit, sie ist aber zugleich der Stoff, aus dem die Träume sind, und, so lässt sich der Gedankengang weiterführen, auch der Stoff, aus dem die Moral gemacht ist. Das liegt an der Plastizität der Lust, die wie kein anderes Lebensgefühl als ihr Gegenteil erlebt werden kann, und sich also nicht auf eine einzige Lebensform festlegen lässt.

Die Plastizität der Lust tritt im breiten Spektrum des deutschen Sprachgebrauchs hervor. In der engen Bedeutung bezeichnet Lust die sexuelle Erregung, die sich auf die Begierde sowie die Erfüllung beziehen kann. In dieser Bedeutung steht »Lust« für die Abhängigkeit von sexuellen Bedürfnissen, die der Mensch mit dem Tier teilt. Aber schon hier tritt ein Unterschied zwischen Mensch und Tier zutage. Sexuelle Lust ist zwar biologisch gesehen ein allgemeines und anonymes Verlangen, wird aber vom Einzelnen als intimes und persönliches Gefühl erlebt.

In der weiteren Bedeutung bezeichnet das Wort Lust die Neigung und das Verlangen, etwas zu tun (z. B. »Ich habe Lust, ins Kino zu gehen«). In dieser Bedeutung bleiben die Tätigkeit und der Gegenstand der Lust beliebig, so dass es schwer ist, jemandem, der Lust zu etwas verspürt, vom Gegenteil zu überzeugen. Anders ausgedrückt: Lust kennt keine Kriterien, auch wenn objektive Gründe für etwas anderes sprechen. Lust ist somit eine unhintergehbare Instanz, gegen die auch moralische Erwägungen einen schweren Stand haben. Schon hier zeigt sich, dass die Ethik, um praktisch wirksam zu werden, nicht umhin kommt, das Gefühl der Lust ernst zu nehmen und sich darauf einzulassen.

Der erste Schritt besteht darin, den Umfang des Lustbegriffs mit objektiven Erkenntnissen auszufüllen, die von der Physiologie über die Psychologie bis zur Soziologie geliefert werden. Physiologisch setzt Lust die Reizbarkeit des Organismus voraus. Lust kann den ganzen Körper umfassen, sie konzentriert sich aber auch auf bestimmte Körperteile, die man beim Menschen erogene Zonen nennt. Zwei Körperzustände sind es, die Lust hervorrufen: Anspannung und Entspannung. Entsprechend kann man in der Sexualität zwischen Lust der Begierde und Lust der Erfüllung unterscheiden. Demgemäß wird Lust nicht als Dauerzustand empfunden, sondern als Übergang von einem Zustand in den anderen. Der Übergangscharakter macht sich auch darin bemerkbar, dass Lust in Schmerz umschlagen kann, wenn die Schwelle der Reizbarkeit überschritten wird. Der Reiz, der zunächst als Lust empfunden wird, endet im Schmerz, wenn er zu heftig wird oder zu lange andauert. Damit zeigt sich schon auf physiologischer Ebene, dass Lust ein komplexes und labiles Phänomen ist, das der Erhaltung des Organismus dient, indem es ihn zur ständigen Kontrolle seiner Zustände veranlasst.

Volle Entfaltung findet die Lust erst auf psychologischer Ebene. Hier macht sich der Unterschied zwischen Mensch und Tier bemerkbar. Aufgrund seiner Körperlichkeit teilt der Mensch mit dem Tier die Lust der Bedürfnisbefriedigung. Anders als das Tier ist der Mensch aber in der Lage, die Bedürfnisbefriedigung hinauszuschieben, so dass die Lust der Begierde und der Erwartung stärker wird als die der Erfüllung. Diese Verschiebung, die im Verhaltensspielraum des Menschen zutage tritt, verleiht der Lust eine geistige Dimension: Lust wird zum Reflexionsmedium.

Die Verbindung von menschlicher Lust und Bewusstsein ist schon früh bemerkt worden. Hier kann der Ethiklehrer auf einen Autor zurückgreifen, der nicht gerade zu den philosophischen Klassikern zählt und der in moralischer Hinsicht keinen guten Ruf genießt. Das mag berechtigt sein, aber trotzdem hat er das moralische Leben seiner Zeit scharf beobachtet und gehört in Sachen Lust aus eigener Erfahrung zu den besten Kennern der Materie. Gemeint ist Giacomo Casanova. Dieser unterscheidet drei Arten von Bedürfnissen, mit denen sich die animalische Natur am Leben hält: Hunger, Paarungstrieb und Aggression. Ihre Erfüllung verschafft Tier und Mensch Befriedigung, aber nur beim Menschen kann man laut Casanova von Lust sprechen: »Denn Lust verlangt Bewusstheit, und Tiere sind dazu nicht fähig. Einzig der Mensch ist wirklicher Lust fähig, denn er ist mit dem Vermögen des Denkens begabt; er erwartet die Lust, er sucht sie, er verschafft sie sich und erinnert sich ihrer, wenn er sie genossen hat [...]. Der Mensch steht auf der gleichen Stufe wie die Tiere, wenn er sich den drei Trieben überlässt, ohne sein Denken dabei zu beteiligen. Wenn unser Geist das Seine dazu beiträgt, werden diese drei Befriedigungen zur Lust, zur Lust und noch einmal zur Lust; das ist eine unerklärliche Empfindung, die uns das so genannte Glück genießen lässt, das wir auch nicht erklären, sondern nur fühlen können« (GL 4,43). Dann malt Casanova aus, wie der Mensch aufgrund seines Verstandes dazu in der Lage ist, die Befriedigung der drei genannten Bedürfnisse hinauszuzögern und auf diese Weise die Lust zu steigern und zu verfeinern: »Wir erdulden den Hunger, um das Fleischgericht besser zu genießen; wir zögern den Höhepunkt der Lust hinaus, um sie zu steigern; und wir warten mit einer Rache, um sie mörderischer zu machen.« (GL 4,43 f.) Das ist natürlich kein Zeichen moralischer Güte, Casanova will es aber auch nicht als solches verstanden wissen. Worauf es ihm ankommt, ist vielmehr die richtige Einsicht, dass nur ein Wesen, das zum Aufschub der Bedürfnisbefriedigung fähig ist, in der Lust einen Reflexions- und Handlungsspielraum gewinnt, den es zum Guten wie zum Bösen nutzen kann. Freiheit hat also die Plastizität der Lust zur Voraussetzung, die den Tieren nur in ganz beschränktem Umfang, nämlich im Spiel, zur Verfügung steht.

Die Plastizität der menschlichen Lust kann sich bis zur Ambivalenz steigern. Das hat Sigmund Freud, mit dem die Psychologie der Lust eine neue Stufe erreicht, herausgearbeitet. Das Lustprinzip ist nämlich nicht identisch mit dem Erhaltungsprinzip, da der Mensch unter bestimmten Umständen dazu neigt, seine Lust ohne Rücksicht auf die Folgen auszuleben. Die Lust steht somit für die Größe, zugleich aber für die Gefährdung der menschlichen Existenz. Die Plastizität der Lust lässt den Menschen zum Liebhaber so wie zum Lustmörder werden.

Die Lust hat auch eine soziale Dimension, die allerdings nur unzureichend erforscht ist. Bekannt ist natürlich die stabilisierende Funktion öffentlicher Lustbarkeiten wie Feste und Spiele. Allerdings zeigt sich auch hier, dass kollektive Lust ein unberechenbarer Faktor ist, der leicht ins Gegenteil umschlägt. Die antiken Gladiatorenkämpfe, um nur ein Beispiel zu nennen, halten Lust und Schrecken in einem prekären Gleichgewicht, das leicht aus der Kontrolle zu geraten droht. Damit ist die soziologische Beschreibung natürlich nicht zu Ende. In den Industriegesellschaften der Gegenwart tritt die öffentliche Lust in einem anderen Aggregatzustand auf, der mehr Dauerhaftigkeit verspricht. Wo allgemeiner Wohlstand herrscht, wird Lust zum Lebensgefühl, das die Menschen mit dem System der freien Marktwirtschaft verbindet. An die Stelle der politisch ausgerichteten bürgerlichen Gesellschaft tritt die konsumorientierte Erlebnisgesellschaft, deren Sog sich der Einzelne nur schwer entziehen kann. Das sich hier ausbreitende Lebensgefühl bindet den Einzelnen an die Gegenwart des Erwerbs und Konsums von Waren, die im Überfluss zur Verfügung stehen. Wie sehr die Lust dabei der Gegenwart verpflichtet ist, zeigen die üblichen Werbesprüche: »Bestellen Sie jetzt!«, »Friede jetzt!«, die aus dem Lustprinzip Kapital zu schlagen versuchen.

Die Analysen haben die große Spannweite des Lustbegriffs aufgezeigt. Lust entspringt der Sinnlichkeit, weist aber zugleich darauf hin, dass die Sinnlichkeit für den Menschen eine Dimension der Geistigkeit enthält, die es möglich macht, sich gegenüber der Lust in freier Weise zu verhalten. Diese Freiheit äußert sich allerdings erst dann, wenn man über die physiologische, psychologische und soziologische Analyse der Lust hinausgeht und die Perspektive der ersten Person einnimmt. Die in der Sinnlichkeit angelegte Freiheit unterscheidet das menschliche Erleben vom tierischen Empfinden. Der Unterschied ist den Menschen schon früh zum Bewusstsein gekommen. Außerhalb der philosophischen Literatur findet sich dazu ein eindrucksvolles Dokument, auf das der Ethiklehrer im Unterricht zurückgreifen kann. Es ist die Sündenfallgeschichte aus dem *Alten Testament*. Sicherlich erschöpft sich der theologische Gehalt dieser Erzählung nicht in der Erfahrung sexueller Lust, doch lässt sich dieser Aspekt durchaus herauslösen und für die ethische Reflexion fruchtbar machen.

Für diese Lesart kann sich der Lehrer auf Kant berufen, der in seiner kleinen Schrift *Mutmaßlicher Anfang der Menschengeschichte* die Sündenfallerzählung anthropologisch interpretiert. Für Kant kommt das Essen der verbotenen Frucht der Menschwerdung gleich, die darin besteht, dass die menschliche Lust von den Bahnen der natürlichen Bedürfnisbefriedigung abweicht und den Menschen mit einer Fülle von Möglichkeiten konfrontiert, die ihn in emotionale Not stürzt: »Er entdeckte in sich ein Vermögen, sich selbst eine Lebensweise auszuwählen und nicht gleich anderen Tieren an eine einzige gebunden zu sein. Auf das augenblickliche Wohlgefallen, das ihm dieser bemerkte Vorzug erwecken mochte, musste doch sofort Angst und Bangigkeit folgen: wie er, der noch kein Ding nach seinen verborgenen Eigenschaften und entfernten Wirkungen kannte, mit seinem neu entdeckten Vermögen zu Werke gehen sollte. Er stand gleichsam am Rande eines Abgrunds; denn aus einzelnen Gegenständen seiner Begierde, die ihn bisher der Instinkt angewiesen hatte, war ihm eine Unendlichkeit derselben eröffnet, in deren Wahl er sich noch gar nicht zu finden wusste; und aus diesem einmal gekosteten Stande der Freiheit war es ihm gleichwohl jetzt unmöglich, in den der Dienstbarkeit (unter der Herrschaft des Instinkts) wieder zurückzukehren« (M 112).

Mit dieser Anleitung lässt sich aus der biblischen Sündenfallgeschichte für den Ursprung der Moral aus der Lust einiges ablesen. Das Verbot Gottes, vom Baum der Erkenntnis zu essen, bleibt unplausibel, wenn man es auf den Geschlechtsakt bezieht. Denn im Stande der Unschuld ist die Fortpflanzung durchaus natürlich und zulässig. Das Verbot bezieht sich demnach auf etwas anderes, was im biblischen Text nur indirekt ausgesprochen wird, nämlich auf die von der Fortpflanzung abgekoppelte Lüsternheit, die im verlockenden Anblick der verbotenen Frucht zum Ausdruck kommt. Die Verführung und der daraus resultierende Verlust der Unschuld beginnen also dort, wo die Menschen zum instinktiven Vollzug des Geschlechtstriebs auf Distanz gehen und beim Anblick des anderen Geschlechts verweilen. Unter

Verlust der Unschuld ist demnach kein medizinisch feststellbares Ereignis zu verstehen, sondern vielmehr ein Übergang in einen anderen Bewusstseinszustand, den wir Reflexion nennen und der den Menschen grundsätzlich vom Tier trennt. Nach dem Genuss der verbotenen Frucht wird sich das erste Menschenpaar seiner Nacktheit bewusst und empfindet Scham, eine Empfindung, die den Tieren fremd ist. Mit der Scham aber ist die Stufe der Moralität erreicht, von der es, wie Kant klar gesehen hat, für den Menschen kein Zurück mehr gibt.

Diese zugegebenermaßen etwas unorthodoxe Lesart der biblischen Sündenfallgeschichte gibt dem Ethiklehrer ein Mittel in die Hand, den Schülern, soweit sie die Pubertät überschritten haben, eine lebendige Erfahrung von der Entstehung des Gewissens zu vermitteln. Das Wissen, das die Schlange dem ersten Menschenpaar infolge der Verführung in Aussicht stellt, ist nämlich mehr als theoretisches Wissen. Solches besaßen Adam und Eva auch vor dem Sündenfall, als sie den Pflanzen und Tieren ihre Namen gaben. Das durch den Sündenfall erzeugte Wissen bezieht sich auf die Erfahrung eines anderen emotionalen Zustands, der mit der Ausübung der Sexualität verbunden ist. Die postkoitale Traurigkeit, die schon die antiken Physiologen allen Lebewesen zugeschrieben haben, nimmt beim Menschen eine besondere Form an, die für das menschliche Bewusstsein überhaupt erst eine moralische Welt entstehen lässt. Das Paradies als Einheit von Mensch und Natur hat noch nicht den Charakter einer Welt, die den Menschen vor Alternativen stellt, deren Bewältigung von ihm moralische Stärke erfordert. Mit der Pubertät wächst der junge Mensch in eine Welt hinein, in der es Verantwortung und Selbstbewusstsein gibt. Was sich ändert, führt die biblische Sündenfallgeschichte den Schülern plastisch vor Augen, so dass sie darin das Erwachen ihres eigenen moralischen Bewusstseins am Leitfaden der Lust wiedererkennen können.

Die Erschließung der moralischen Dimension der Lust, die aus der Erlebnisperspektive auch für die Schüler nachvollziehbar wird, erlaubt dem Ethiklehrer einen weit reichenden Schluss. Er kann Lust mit einem Begriff Martin Heideggers als »Existenzial« bezeichnen, um der Weltoffenheit des Menschen im Unterschied zur Instinktgebundenheit des Tieres Ausdruck zu verleihen. Das heißt natürlich nicht, dass wir alle permanent im Zustand sexueller Erregung leben. Sexuelle Lust ist vielmehr Teil eines Gesamtzustands, der auch Phasen der Unlust und des Schmerzes enthält. Entscheidend ist lediglich, dass die Lust als Existenzial den Menschen auf das Diesseits verpflichtet, was aber, wie schon Casanova bemerkt, nicht ausschließt, dass wir über den Tag hinaus denken und uns um zukünftige Generationen sorgen.

Anders als der Schmerz ist die Lust weltoffen. Von pathologischen Fixierungen abgesehen, erweitert die Lust den menschlichen Erfahrungshorizont und weckt die Neugier auf alles Unbekannte und Verbotene. In der Erschließung des Erfahrungshorizonts verwandelt sich die Lust der Bedürfnisbefriedigung in Spaß und Freude an Tätigkeiten, in denen der Mensch seine Fähigkeiten frei entfalten kann. Lust als Existenzial geht somit über den sexuellen Ursprung hinaus und bezeichnet die weltoffene Lebensform, die aus der Erfahrung der Differenz resultiert, mit der sich der Mensch vom Tier abhebt. Um es paradox auszudrücken: Das scheinbar Niederste, nämlich die sinnliche Lust, zeigt sich im moralischen Leben als das in Wahrheit Höchste, nämlich als Bewusstsein der Verantwortung sich selbst und anderen gegenüber. Damit hat der Lehrer die Basis erreicht, auf der

II

Positionen des Hedonismus

Mit der Geschichte des Hedonismus sieht es in der wissenschaftlichen Ethik nicht viel besser aus als mit dem Lustbegriff. Von einigen guten Einzeldarstellungen der Ethik Epikurs abgesehen, steht dem Lehrer keine umfassende, bis in die Moderne führende Geschichte zur Verfügung. Aus seiner Verlegenheit hilft ihm der Umstand, dass er als Student eine Seminararbeit über die Entwicklung des Hedonismus geschrieben hat, auf die er nun für die Vorbereitung seines Unterrichts zurückgreifen kann. Manche Formulierungen seines Textes kommen ihm heute ziemlich akademisch vor, aber das schmälert den Informationsgehalt nicht.

Seminararbeit zur Geschichte des Hedonismus

Der Grundgedanke des Hedonismus als ethische Lehre lautet: Lust ist das einzige Gut, das die Menschen um seiner selbst willen erstreben. Dieser Grundsatz ist immer wieder missverstanden worden. Das Hauptmissverständnis besteht in der Auffassung, der Grundsatz lege den menschlichen Willen auf die Befriedigung einer Art von Bedürfnissen, insbesondere der sexuellen Bedürfnisse, fest. Davon kann aber im Hedonismus gar keine Rede sein. Denn das hedonistische Prinzip bestimmt den Willen des Menschen rein formal. Formal ist die Bestimmung deshalb, weil sie von den Inhalten des Luststrebens absieht und sich allein auf die Bedingungen beschränkt, unter denen ein endliches Wesen, dessen Wünsche nicht automatisch in Erfüllung gehen, seinen Willen erlebt, nämlich als Mangel und Bedürftigkeit. Die Beseitigung des Mangels ist die formale Bestimmung des Luststrebens, das aber inhaltlich unbestimmt bleibt. Denn worin der Einzelne seine Lust findet, variiert von Mensch zu Mensch. Kein Geringerer als Kant hat diese Bedeutung des hedonistischen Prinzips anerkannt: »Glücklich zu sein, ist notwendig das Verlangen jedes vernünftigen, aber endlichen Wesens und also ein unvermeidlicher Bestimmungsgrund seines Begehrungsvermögens« *(KpV 45).*

So würde der Lehrer heute wahrscheinlich nicht mehr schreiben, aber auf der Uni war es so üblich. Trotzdem dürfte verständlich sein, was er mit dem Zitat sagen wollte: Der Mensch strebt notwendig nach Glück.

Ein weiteres Missverständnis des Hedonismus liegt in der Unterstellung, er fordere den Menschen dazu auf, nach Lust zu streben. Kein Hedonist hat sich jemals diese Forderung zu eigen gemacht. Sie ist nämlich absurd, da man niemandem zu gebieten braucht, was er ohnehin tut. Der Hedonismus sieht seine Aufgabe vielmehr darin, auf dem Lustprinzip eine normative Disziplin und speziell eine Ethik als praktische Disziplin im Sinne einer Kunstlehre aufzubauen. Dabei geht es stets um die Frage, wie sich die Lust, die, sich selbst überlassen, in selbstzerstörerischen Egoismus ausartet, disziplinieren lässt. Anders gesagt: Hedonistische Ethik zeigt Wege der Humanisierung des Luststrebens auf. Dabei beschreitet sie aber nicht den Weg Kants, der die Humanisierung der

Lust mittels Disziplinierung der Sinnlichkeit durch die Vernunft erreichen will. Dieses dualistische Modell, das den Menschen in zwei Hälften spaltet, wird vom Hedonismus abgelehnt. Seine Überzeugung lautet vielmehr: Moralische Normen können nur aus dem Luststreben selbst abgeleitet werden und dürfen, um wirksam zu werden, das Lustprinzip nicht außer Kraft setzen.

Das ist keineswegs ein unrealistisches Programm. Denn Lust ermöglicht Sinnverschiebungen, die bei anderen Gefühlen nicht erreichbar sind. Die Plastizität der Lust erlaubt es, ihre Selbstbeschränkung im Lustprinzip mitzudenken. Weil Lust nicht auf eine einzige Tätigkeit oder auf einen bestimmten Gegenstand festgelegt ist, eignet sich der Lustbegriff als Fundament für eine normative Ethik. Denn auch das moralisch Gute beschränkt sich nicht auf eine Handlung, sondern umfasst einen komplexen Zustand, eine zeitlich ausgedehnte Lebensform, die immer neu durch sich selbst gestützt wird. Daher kann der Ableitung der moralischen Verpflichtung aus dem Lustprinzip nicht der Vorwurf eines »naturalistischen Fehlschlusses« gemacht werden. Denn hier wird nicht von einer natürlichen Eigenschaft auf eine moralische Vorschrift geschlossen, sondern eine Sinnverschiebung beschrieben, die das menschliche Verhalten über die Bindung an den Augenblick erhebt, ohne es überzeitlichen Prinzipien zu unterwerfen.

In seiner geschichtlichen Entwicklung hat es der Hedonismus nicht leicht gehabt, da er seit dem christlichen Mittelalter nicht nur mit Argumenten bekämpft worden ist. Dogmatische Denker, die im Hedonismus wegen seiner materialistischen Ursprünge im antiken Atomismus eine Bedrohung der asketischen Ideale des christlichen Glaubens sahen, haben die Schriften Epikurs den Flammen übergeben, so dass die Quellenlage äußerst dürftig ist.

An dieser Stelle findet sich eine spätere Randbemerkung des Ethiklehrers: *Leider haben sich Ausläufer dieser Form des Umgangs mit dem Hedonismus bis heute erhalten. So gibt es Bundesländer, in deren Lehrplänen für den Ethikunterricht Epikur überhaupt nicht auftaucht. Ob die hinter solchen Verschweigungspraktiken stehenden klerikalen Kreise damit der Sache des Glaubens einen Dienst erweisen, ist eine Frage für sich. Fest aber steht, dass die Verdrängung des Hedonismus aus dem Unterricht uns eines Reflexionsmediums beraubt, das wie keine andere ethische Lehre dazu geeignet ist, Antworten auf die postmoderne Lebenswirklichkeit zu geben.*

Die Geschichte des Hedonismus lässt sich idealtypisch in drei Epochen einteilen. Für sie sollen hier drei Namen stehen: Epikur in der Antike, John Stuart Mill in der Neuzeit und Michel Foucault in der Moderne. Alle drei Philosophen gehen vom Lustprinzip aus, das Ziel moralischen Sollens aber verschiebt sich. In der Antike ist es das glückliche Leben im Sinne der Seelenruhe; in der Neuzeit das größte Glück der größten Zahl und in der Moderne das Glück einer unentfremdeten, sich selbst bestimmenden Existenz.

Den Zielstellungen entsprechen drei Wege der Humanisierung der Lust. Sie gleichen den drei Arten von Bedürfnissen oder Trieben, deren Unterscheidung schon in der Antike geläufig war. Bei Epikur ist es die Mäßigung, deren heilsame Wirkung bei der Nahrungsaufnahme zutage tritt. Mill setzt auf die Unterscheidung zweier Arten der Lust, die am Unterschied zwischen Sexualität und Erotik besonders augenfällig wird. Foucault schließlich sucht die Humanisierung der Lust in ihrer Sublimierung, die auch abnorme Triebregungen in akzeptable Bahnen lenken kann.

Weitere nachträgliche Randbemerkung: *Dieses grobe Raster kann ich benutzen, wenn ich mit den Schülern die einschlägigen Texte der genannten drei Autoren durchgehe.*

Da die Texte Epikurs von christlichen Fanatikern weitgehend vernichtet worden sind, steht uns heute nur ein schmales Bändchen von Briefen und Fragmenten zur Verfügung. Sie enthalten drastische Passagen, die einem sensualistischen Immoralismus das Wort zu reden scheinen. Das Gesamtbild aber sieht anders aus. Epikur betrachtet die Lust aus der Perspektive der ersten Person und ergänzt das Lustprinzip um die Formel »Freisein von Unlust«. Das ist die Form, in der Lust zum Dauerzustand werden kann, den zu erreichen Epikur dem Menschen zur moralischen Pflicht macht. Dazu ist Mäßigung erforderlich, die Epikur bis zur Genügsamkeit steigert. Denn das scheint ihm der einzige Weg zu sein, auf dem der Mensch in seinem Lebensgefühl von äußeren Umständen weitgehend unabhängig wird. Das Ideal ist das Glück der Seelenruhe, soweit sie in Übereinstimmung mit der sinnlichen Natur für den Menschen erreichbar ist.

Auffällig an Epikur sind zwei Punkte, die vom heutigen Leser als Grenzen des antiken Hedonismus empfunden werden. Der erste Punkt liegt darin, dass Epikur nur eine Art der Lust anerkennt, nämlich die sinnliche, die der Mensch beim Essen und Trinken empfindet. Die Orientierung am lebensnotwendigen Bedürfnis der Nahrungsaufnahme verleiht Epikurs Lustbegriff eine gewisse Eindimensionalität, die noch nichts von der modernen Dynamik der Bedürfnisse erkennen lässt. Entsprechend fehlt bei Epikur die Einsicht in die Plastizität und Ambivalenz des Lustprinzips, die uns seit Freud geläufig ist und die der Transformation der Lust neue Horizonte eröffnet hat.

Der zweite Punkt, der einer Modernisierung von Epikurs Hedonismus Grenzen setzt, betrifft seine unpolitischen Folgen. Epikur verdammt den Menschen zu einer privaten Nischenexistenz, von der keinerlei gesellschaftskritische Impulse ausgehen. Freundschaft ist die einzige Form moralischer Kommunikation, die sich streng im Rahmen der bestehenden gesellschaftlichen Verhältnisse hält. Epikurs Lob der Freundschaft klingt im Ethikunterricht zwar heute noch gut, bietet aber keine Basis für eine Reflexion auf das Verhältnis zwischen privater und öffentlicher Moral. Das ist der Punkt, an dem der Schritt in die Moderne unausweichlich wird.

Dieser Übergang lässt sich in prägnantester Form anhand von Mills kleiner Schrift »Der Utilitarismus« nachvollziehen. Gegenüber Epikur hat sich zweierlei grundlegend geändert. Zum einen entwickelt Mill den Hedonismus im Rahmen des ökonomischen und politischen Liberalismus, so dass Lust und Geld eine gedankliche Verbindung eingehen, die der Antike fremd war. Zum anderen hat die Psychologie erhebliche Fortschritte gemacht, so dass Mill in der Lage ist, zwischen zwei Arten von Lust zu unterscheiden. Obwohl Mill die beiden Arten als »sinnliche« und »geistige« Lust bezeichnet, bezieht sich die Unterscheidung nicht auf die Gegenstände der Lust. Es geht also nicht um den Unterschied zwischen körperlicher Betätigung und dem viel beschworenen Lesen eines so genannten guten Buches, sondern um die Struktur der Lustempfindung, die im Falle der ›geistigen‹ Lust durch Hemmung und Verzicht auf unmittelbare Bedürfnisbefriedigung eine Steigerung und Verfeinerung der Gefühlsqualitäten erfährt. Es geht also hier um die Reflexionslust, die menschliche Erotik von tierischer Sexualität unterscheidet.

Gegen diese Unterscheidung wird von dogmatischen

Epikureern noch heute der Einwand erhoben, die Annahme einer höheren Art von Lust erfordere ein weiteres Kriterium, so dass die Position des Hedonismus verlassen wird. Dieser Einwand entkräftet Mills Überlegungen aber nicht, da die höhere Form der Lust lediglich durch die Einbeziehung der zeitlichen Dimension erreicht wird. Die Unterscheidung beider Arten der Lust nimmt allein die Erfahrung der Differenz in Anspruch, die derjenige macht, welcher sich der unmittelbaren Bedürfnisbefriedigung enthält und aus dieser Enthaltung ein positives Lebensgefühl gewinnt, das er der animalischen Zufriedenheit fortan vorzieht. In diesem Sinne ist auch Mills Satz ›Besser lieber ein unzufriedener Sokrates als ein zufriedenes Schwein‹ zu verstehen.

Das moralische Ziel, das Mill auf dieser Grundlage dem Menschen vorgibt, ist das allgemeine Glück als das größte Glück der größten Zahl. Das allgemeine Glück, das immer auch das Glück oder die Lust desjenigen einschließt, der dafür Opfer bringt, wird von Mill formal als der Zustand definiert, in dem jeder Einzelne sein Luststreben maximal realisieren kann, ohne den anderen in seinem Luststreben mehr als nötig einzuschränken. Dieser Zielstellung, in der sich Mill mit Kant und anderen Moralphilosophen einig weiß, liegt die Überlegung zugrunde, dass eine Gemeinschaft nur dann relativ frei und friedlich zusammenleben kann, wenn jeder auf den anderen Rücksicht nimmt. Diese Einsicht hat ihre traditionelle Formulierung in der Goldenen Regel gefunden, der zufolge der Handlungsspielraum des Einzelnen auf das eingeschränkt wird, was er selbst von anderen hinzunehmen bereit ist.

Die Goldene Regel als Maxime moralischen Handelns lässt sich durch die strategische Überlegung rechtfertigen, dass jeder Mensch einmal auf das Wohlwollen anderer angewiesen sein könnte. Das Problem ist allerdings, wie man die Rücksichtnahme auf andere über strategische Überlegungen hinaus im Hinblick auf ein allgemeines Glück dem Einzelnen nahe bringen kann. Was kann ihn dazu motivieren, sein Lustprinzip der Folgenerwägung zu unterwerfen? Wenn man nicht auf heteronome Instanzen wie gesellschaftliche Sanktionen oder Gottes Strafen zurückgreifen will, bleibt nur das hedonistische Prinzip selbst als Verpflichtungsinstanz übrig. Der geniale Gedanke des psychologischen Hedonismus Mills besteht nun darin, dass die Einschränkungen der Lust, die der Einzelne zugunsten des allgemeinen Glücks auf sich nimmt, selbst als Lust empfunden werden und zwar als Lust, die stärker ist als die Lust der Befriedigung egoistischer Triebe.

An diesem Punkt wird Mills Unterscheidung zweier Arten von Lust wichtig. Die für die menschliche Sexualität spezifische Verlagerung der Lust von der Erfüllung auf den Weg dorthin liefert das geheime Vorbild für die von Mill geschilderten Transformationsprozesse der Lust. Wenn er zugesteht, dass Lust nicht das Einzige ist, wonach Menschen streben, und dass Tugend von Lust verschieden ist, so liegt die Verschiedenheit nur in der anderen Form der Lust, nämlich in der Lust des Weges, die stärker sein kann als die Lust am Erreichen des Ziels.

Mill demonstriert diese Verschiebung nicht am Beispiel der Sexualität, sondern am Umgang mit Geld. Das ist nicht zufällig, denn es besteht eine Strukturaffinität zwischen der Verselbständigung der sexuellen Lust in der Erotik und der Dominanz der Geldmärkte im Kapitalismus. Der Gedankengang, von dem sich Mill bei seinem Beispiel des Geldes leiten lässt, ist folgender: Der Mensch strebt nach bestimmten Gütern, in deren Besitz er sein Glück sieht. Um sie zu erwerben, braucht er Tauschmit-

tel, unter denen Geld das effizienteste und bequemste ist. Geld als Tauschmittel aber tendiert dazu, selbst zum Zweck zu werden, nämlich dann, wenn die Vorstellung, mit Geld alles Mögliche erwerben zu können, stärker wird als die Einlösung des Erwerbs. Die Vertauschung von Mittel und Zweck hebt das Glück auf die Stufe der reinen Möglichkeiten, es handelt sich also um virtuelles Glück, so wie die Rücksichtnahme auf das allgemeine Glück der eigenen Lust moralischen Charakter verleiht.

An dieser Stelle hat der Lehrer, offenbar nachdem er die Universität schon verlassen hatte, ein Blatt eingefügt: Natürlich führt dieser Mechanismus in der Moral nicht automatisch zum Erfolg. Wer für die Lust der Zurückhaltung und des Verzichts, die in der Regel durch die Anerkennung seitens der anderen verstärkt wird, unempfindlich ist, an dem prallt auch der Imperativ des psychologischen Hedonismus ab. Aber eins macht diese Form des Hedonismus doch deutlich: Selbst ein Mensch, der über genügend Macht verfügt, um alle anderen zu zwingen und in seine Gewalt zu bringen, erfährt die Grenze seiner Macht darin, dass die anderen ihm freiwillige Zustimmung und Liebe versagen. Diese kann man nicht erzwingen und sie wird gerade deshalb als das höchste Glück empfunden, dessen ein Mensch teilhaftig werden kann. Wo diese Empfindung nicht Fuß fasst, ist die Ethik machtlos. Hier bleibt uns nur die Aufgabe, die Schüler für höhere Formen der Lust zu sensibilisieren. Tugend lässt sich zwar nicht lehren, aber es gibt eine moralische Erziehung, die der ästhetischen Erziehung zum guten Geschmack sehr ähnlich sieht. Es steht außer Frage, dass die Ästhetisierung unserer Lebenswelt, die in der Warenästhetik ihre stärkste Stütze findet, auch eine moralische Dimension hat, die man sich als Ethiklehrer zunutze machen kann.

Der alte Text fährt fort: *Die dritte und vorläufig letzte Phase des Hedonismus findet ihren prominentesten Vertreter in Michel Foucault, der in seiner Spätphase eine Wendung von den Analysen kollektiver Macht zu einer Individualethik der Selbstsorge vollzogen hat. Diese Wendung resultiert aus dem Unbehagen an der gesellschaftlichen Vereinnahmung des Individuums durch die Marktmechanismen, die den Liberalismus tragen. Übrigens hat schon Mill die hier liegende Gefahr gespürt und in seiner späten Schrift »Über Freiheit« ein Loblied auf das exzentrische Individuum gesungen, das die Gesellschaft vor der Erstarrung bewahren soll.*

Die Gesellschaftskritik hat im Anschluss an Karl Marx die Entfremdungserscheinungen aufgedeckt, die sich aus der Warenform für das menschliche Selbstverständnis ergeben. Parallel zur kommunistischen Ideologie hat die westeuropäische Linke in unserem Jahrhundert die Diskussion weitergeführt, wobei der Sinnlichkeit befreiende Kraft zugeschrieben wurde. Hier waren Träumereien von der unbestimmten Güte des natürlichen Menschen im Spiele, die der Machttheoretiker Michel Foucault nicht teilt. Man kann seine Ethik der Selbstsorge daher als nietzscheanische Alternative zum pseudokommunistischen Traum der ›befreiten Sinnlichkeit‹ lesen, der sich noch in den Schriften von Herbert Marcuse findet.

Ausgehend vom Existenzial der Lust macht Michel Foucault dem Menschen die Entwicklung eines authentischen Selbstwertgefühls zur Aufgabe. Auf diese Weise kann er der kommerziellen Instrumentalisierung seiner Lust entgehen und zur Selbstbestimmung in der Sinnlichkeit vorstoßen. Den Weg dazu sieht Foucault darin, dass der Einzelne seine das gesellschaftliche Leben bedrohenden Bedürfnisse und Gelüste zulässt. Die Zulassung der dunklen Seiten des menschlichen Trieblebens, zu denen sexuelle Abnormitäten und Gewaltsamkeit gehören, heißt natürlich auch für Foucault nicht, dass man sie in die Tat umsetzen soll. Moralische Stärke beweist vielmehr derjenige, der in der Lage ist, seine unterdrückten Triebe im Bewusstsein zuzulassen und ihnen, wenn möglich, symbolischen Ausdruck zu verleihen, der auch die anderen überzeugt. Das erfordert freilich vom Einzelnen Kompetenzen, die in der europäischen Tradition erst seit dem 19. Jahrhundert dem Künstler zugeschrieben werden.

Künstlerischer Ausdruck als Humanisierung der Lust macht Moral zu einem ästhetischen Selbstverhältnis, das in der von Foucault propagierten Form nur einer Elite vorbehalten sein kann. Der elitäre Ästhetizismus der Selbstsorge Foucaults eignet sich kaum als ›Volksmoral‹, enthält aber ein Reflexionspotential, das den Hedonismus an die Lebensbedingungen der postindustriellen Wohlstandsgesellschaften anschließbar macht. Denn es ist unverkennbar, dass das Lebensgefühl der Konsumenten immer nachhaltiger dadurch geprägt wird, dass die noch im vorigen Jahrhundert als dunkel verteufelten sexuellen und aggressiven Triebe von der Warenform vereinnahmt und gesellschaftsfähig gemacht werden. Um diesen Prozess moralisch zu verarbeiten, bedarf es Strategien einer distanzierenden Annäherung, die man bei Foucault lernen kann. Er zeigt, wie man mit verborgenen und verbotenen Lüsten umgeht, ohne von ihnen überwältigt und determiniert zu werden.

Unter dem noch mit Maschine geschriebenen Text steht handschriftlich das Prädikat »gut«. Über die Benotung wundert sich der Lehrer noch heute, lässt sie doch durchscheinen, dass die alten Philosophieprofessoren so weltfremd und verknöchert nicht waren, wie sie heute gern hingestellt werden.

III

Das Gewissen der Erlebnisgesellschaft

Wenn ich mir die Darstellung der Geschichte des Hedonismus heute ansehe, fällt auf, dass ich eine ganze Epoche ausgelassen habe. Wo bleiben der *Gelüftete Vorhang* von Honoré-Gabriel de Mirabeau und *Die Philosophie im Boudoir* des Marquis de Sade, die ich als Student mit Vergnügen gelesen habe? Die moralphilosophische Bedeutung dieser Werke des 18. Jahrhunderts ist nicht zu bestreiten und ihre geistespolitische Wirkung in der Vorbereitungsphase der Französischen Revolution kann nicht hoch genug veranschlagt werden. Dass ich in meiner Seminararbeit nicht darauf eingegangen bin, geschah sicherlich nicht aus Rücksicht auf den Professor. Denn der war ein liberaler Geist mit ausgeprägten Sympathien für die Denker der französischen Aufklärung. Wahrscheinlich hat mich schon damals abgehalten, was mich heute mehr denn je zögern lässt, im Ethikunterricht eine so genannte ›natürliche Erziehung‹, die keine Scham kennt, zu propagieren: Angst vor der Banalität. Wenn ich sehe, was das Fernsehen aus der Sexualität macht, kann ich meinen Ärger nur schwer unterdrücken. Nicht wegen moralischer Bedenken, sondern weil es meinen Geschmack verletzt und mich langweilt. Vielleicht liegt hier aber der Schlüssel für die Lösung des Problems. Schülern, die in der Mediengesellschaft aufwachsen, sind die Unaufrichtigkeit und Heuchelei vergangener Generationen fremd. Dadurch entwickeln sie einen unverkrampften Umgang mit der eigenen Sinnlichkeit, in dem sich differenzierte Gefühlswelten aufbauen können. Dazu brauchen sie die Hilfe einer Ethik der Selbsterfahrung, die ihnen Interpretationsmuster anbietet, mit denen sich die Angebote der Erlebnisgesellschaft in ihren eigenen Lebensstil integrieren lassen. Ob der Ethiklehrer, so wie ich ihn mir vorstelle, dieser Aufgabe gewachsen ist?

Die Gefahren der Kommerzialisierung und Instrumentalisierung der Lust sind unübersehbar. In immer aggressiverer Form bedient sich die Werbung der Erotik, um neue Bedürfnisse zu wecken. Aber es wäre falsch, diese wohlbekannten Mechanismen zu dramatisieren und das Ende der Moral zu beklagen. Was die jungen Menschen davor bewahren kann, Opfer der Werbung zu werden, ist die ästhetische Erziehung. Nicht zufällig zählt George E. Moore in seinen *Principia Ethica* den ästhetischen Genuss und die Freude persönlicher Zuneigung zu den Eckpfeilern der Moralität. Die Entwicklung eines sicheren Geschmacksurteils gehört daher zu den Hauptaufgaben des Ethikunterrichts. Die ästhetische Erziehung ist eine Vorschule der Ethik, denn nur über sie gelingt es den Schülern, die Lust des Konsums in ihr eigenes Leben zu integrieren und ein individuelles Selbstbewusstsein zu entwickeln. Sicherlich ist es nicht mehr die substantielle Einheit der Seele, die das Gewissen der Erlebnisgesellschaft ausmacht, sondern die Fähigkeit, die Angebote individuell zu kombinieren. Die Mode liefert dafür eindrucksvolle Beispiele. Obwohl sich kaum noch jemand seine Kleider maßschneidern lässt, entsteht keineswegs der Eindruck massenhafter Uniformierung. Das Gegenteil ist der Fall. Austauschbarkeit und Kombinierbarkeit der Kleidungsstücke ermöglichen auch der breiten Masse Kreativität der Selbstdarstellung, die durchaus ironische Brechungen zulässt.

Damit soll keiner unkritischen Verherrlichung der Konsumgesellschaft Vorschub geleistet werden. Ich möchte aber deutlich machen, dass der Hedonismus zur gesellschaftlichen Lebensform geworden ist und dass der Ethikunterricht daran nicht vorbeigehen kann. Die Flucht in die Innerlichkeit asketischer Ideale muss auf die heutigen Schüler fremd wirken, da ihr eigenes Lebensgefühl vom Existenzial der Lust getragen wird. Das heißt natürlich nicht, dass das Leben in der Erlebnisgesellschaft nur positive Seiten hat. Im Gegenteil: Die Diesseitsorientierung erzeugt Zukunftsängste, von denen gerade die junge Generation heimgesucht wird. Auch an Sensibilität für die Ungerechtigkeiten in dieser Welt fehlt es nicht. Aber das führt nicht zur Ablehnung und Verteufelung des gutes Lebens, sondern zu dem Wunsch, auch andere am Wohlstand teilhaben zu lassen. Die Bereitschaft, die Erde überirdischen Mächten zu opfern, wird nicht mehr als Fundament der Moral angesehen. Dafür spricht die Erfahrung, dass diejenigen, denen es gut geht, auch eher bereit sind, anderen zu helfen.

Diese Überlegungen können vielleicht dazu beitragen, dem in unserer Zeit ausgehöhlten Begriff des Gewissens einen neuen Gehalt zu geben. Man braucht nicht mit Nietzsche das Gewissen als psychische Deformation zu entlarven und aus der Moral zu verbannen, sollte sich aber darüber klar werden, dass nach dem Hedonismus das Gewissen einen anderen Status bekommt. In der traditionellen Moral ist das Gewissen die Innerlichkeit, gleichsam der archimedische Punkt, von dem aus die empirische Existenz des Menschen normativ bestimmt wird. Mit dem Hedonismus verschiebt sich dieser Punkt nach außen bzw. wird durch die Totalität des Lebensgefühls ersetzt, das darüber entscheidet, ob man ein Leben gut oder schlecht nennen kann. Entsprechend lautet die Lehre des Hedonismus: Tugend, die nicht zum Glück führt, ist sinnlos. Eine Ethik, die Glück und Tugend voneinander trennt, gibt dem guten Leben keinen Raum.

Das heißt aber nicht, dass Glück und ungehemmte Lust zusammenfallen. Dann bliebe der Mensch auf der Stufe der Tiere, deren Paarungsverhalten uns allabendlich im Fernsehen vorgeführt wird. Das mag zwar die Sehnsucht der Zuschauer nach der Unbefangenheit der Tiere wecken, aber Lust ohne Rücksicht auf die Gefühle des anderen kann uns auf Dauer doch nicht befriedigen. Mögen die Löwen auch die Jungen ihrer neuen Partnerin töten, um selbst möglichst schnell in den Genuss ihrer Hitze zu gelangen: Im Menschenpark ist es selbst an den Vergnügungsstränden der Westeuropäer so weit noch nicht gekommen.

In diesem Spannungsfeld also ist das Gewissen des Hedonismus angesiedelt. Es hat nichts mehr von der dunklen Kammer an sich, in der Menschen angstvoll gefoltert werden, sondern es wird zu einem Forum, auf dem über den Ausgleich der Bedürfnisse entschieden wird. Offenheit bedeutet aber nicht, dass man die Moral zu Markte trägt und andere über das Gewissen befinden lässt. Es geht vielmehr um die Fähigkeit der Kommunikation mit anderen und mit sich selbst, um Fremderfahrung und Selbstfindung, die nur gelingen kann, wenn zwischen Innen- und Außenwelt keine Mauer besteht. Der Hedonismus bringt die Mauer zu Fall und eröffnet so die Möglichkeit emotionaler Kommunikation, die erforderlich ist, damit der Mensch die Differenz zwischen Wünschen und Wirklichkeit aushalten und in ein gelingendes Leben verwandeln kann.

4. Kapitel

Auch in der Moral ist nichts so erfolgreich wie der Erfolg

Dass auch in der Moral nichts so erfolgreich ist wie der Erfolg, hat der Ethiklehrer kürzlich in einem Gespräch mit dem Direktor erfahren. Nach einigen mehr oder weniger versteckten Andeutungen darüber, dass jedem an der Schule bekannt sei, wie gut sein Ethikunterricht bei den Schülern ankomme, kam der Direktor auf den Punkt. Er wollte wissen, ob der Ethiklehrer bereit sei, eventuell sein Nachfolger zu werden. Als der Lehrer zögerte, bekam er folgendes Argument zu hören: »Gerade als Ethiklehrer sind Sie für die Leitung der Schule bestens geeignet. Sie können sich dieser Aufgabe nicht entziehen!«

Diese Worte haben den Lehrer dazu bewogen, intensiv über den Erfolg nachzudenken mit dem Ergebnis, dass er das Angebot schließlich doch ausschlagen musste. Die größte Gefahr hat er nicht darin gesehen, dass der Erfolg häufig nur durch moralisch bedenkliche Mittel erzielt werden kann, sondern im Gegenteil: Der Moralist, der seine Prinzipien in Institutionen umsetzt, wird zum moralischen Terroristen. Daher hat es der Ethiklehrer im Interesse seiner Kollegen vorgezogen, bei seinem Unterricht als der Form von Praxis zu verbleiben, die am wenigsten Schaden anrichtet. Moralischer Erfolg liegt für den Ethiklehrer nicht so sehr darin, seine Prinzipien in der Praxis *durch*zusetzen, sondern vielmehr darin, die Prinzipien in die Praxis *um*zusetzen.

Erfolg gehört neben der Lust zu den Existenzialien des modernen Lebens. Der Erfolg im Beruf rangiert an oberster Stelle auf unserer Wertskala, und Schüler erfahren schon früh, was es heißt, unter Erfolgsdruck zu stehen. Das liegt nicht zuletzt an der dominierenden Rolle, welche die Arbeit spätestens seit dem 19. Jahrhundert in der Gesellschaft spielt. Für das *animal laborans* ist der berufliche Erfolg das Mittel, vor anderen und vor sich selbst zu bestehen. Nicht zufällig wird von den meisten Menschen Arbeitslosigkeit, ob nun verschuldet oder unverschuldet, als schwere psychische Belastung empfunden. Dem Erfolg als anerkanntes Medium personaler Identität und gesellschaftlicher Selbstbehauptung kann nur der so genannte Aussteiger entgehen, ein wenigen vorbehaltener Sonderweg, den sich die Ethik nicht zum Vorbild nehmen sollte. In unserer modernen Konkurrenzgesellschaft wird eine Ethik, die den Erfolg ausklammert, als ebenso weltfremd empfunden wie eine Ethik, die über die Lust schweigt.

In der Ethik allerdings ist der Erfolg nicht gut angesehen. Das Erfolgsstreben wird selten zu den Tugenden gezählt, da es den Menschen zu sehr an äußere Güter bindet, die seine Begehrlichkeiten wecken. Davor haben schon antike Ethiker gewarnt, insbesondere die Philosophen des Hellenismus. Ihnen ist die Verinnerlichung der Eudämonie gemeinsam, mit der das Individuum auf den Verfall der politischen Ordnung reagierte. Alle äußerlichen Güter, deren Erhalt nicht von der Einstellung des Individuums abhängt, wurden entwertet, so dass dem Einzelnen nur sein Selbstgefühl übrig blieb. Dass gerade dieses ebenso unverfügbar oder gar noch unverfügbarer als die äußeren Lebensumstände sein kann, war den antiken Denkern nicht so klar wie uns heute. Sie glaubten noch an die rationale Selbstbeherrschung, ein Glaube, der bei den Stoikern zu absurden Konsequenzen geführt hat, die wir heute nur noch belächeln können.

In der Entwertung der äußeren Güter stimmt die christliche Ethik trotz ihrer ablehnenden Haltung gegenüber den hellenistischen Philosophenschulen mit diesen überein. Auch die christliche Ethik sieht das Heil des Menschen darin, dass er sich von den Gütern der Welt unabhängig macht und sich auf seine Seele besinnt. Der Rückzug in die Innerlichkeit bedeutet allerdings etwas anderes als die stoische Unerschütterlichkeit. Statt sich in der Affektlosigkeit abzukapseln, öffnet sich der Christ in seiner Abkehr von der Welt einer übersinnlichen Wirklichkeit, in der die Gläubigen belohnt werden. Noch Kants Ethik hält trotz ihrer Wendung zur Vernunft am Grundgedanken der Entwertung des Unverfügbaren fest. Denn das Prinzipielle, auf das Kant die ethischen Maximen baut, bewahrt den Handelnden vor den Unwägbarkeiten einer situationsbezogenen Entscheidung, die zu Erfolg oder Misserfolg führen kann.

So lange die Entwertung des Erfolgs auch schon währt, so wenig kann sie in einer ganz auf Effizienz abgestellten Welt noch überzeugen. Friedrich Nietzsche war der Erste, der hinter dieser Position psychologisch nicht nur Resignation, sondern auch falsches Bewusstsein vermutete. In seiner *Genealogie der Moral* unterscheidet Nietzsche zwischen der Moral der »Starken« und der Moral der »Schwachen«. Die Unterscheidung, die heute nicht ohne Grund sehr bedenklich klingt, ist von Nietzsche im Sinne einer psychologischen Typologie gemeint, derzufolge die so genannten Schwachen sich moralischer Wertungen bedienen, um ihre Schwäche vor anderen und vor allem vor sich selbst zu verbergen. Das funktioniert nach dem bekannten Schema des Fuchses, der die Trauben, die ihm zu hoch hängen, sauer nennt.

Es bleibt daher dabei: Aus der modernen Welt lässt sich der Erfolg als Grundlage des Selbstverständnisses nicht mehr wegdenken. Das ist kein Zufall und auch kein Resultat rein äußerlicher Entwicklungen. Das Erfolgsstreben hat vielmehr geistige Wurzeln, die tief in die Geschichte reichen. Seine theologischen Ursprünge hat Max Weber in seinen bekannten religionssoziologischen Untersuchungen aufgedeckt. Sie lassen den Zusammenhang zwischen Protestantismus und neuzeitlichem Kapitalismus erkennen und zeigen, wie der Mensch, der in einer modernen Erwerbsgesellschaft lebt und dadurch gezwungen ist, sein Leben rational zu führen, seine Subjektivität als Gotteskindschaft bewahren kann. Das ist eine komplizierte Problematik, deren Behandlung die Grenzen der Ethik in Richtung auf die Theologie und Religionssoziologie überschreitet.

Da der Erfolg untrennbar mit dem Geist der Moderne verbunden ist, muss sich die Ethik dem Problem stellen. Das moralische Problem des Erfolgs wird gegenwärtig vor allem im aufstrebenden Zweig der Wirtschaftsethik diskutiert. Ihre Stärke gegenüber den klassischen Positionen liegt darin, dass sie von der Realität der kapitalistischen Wirtschaftsform ausgeht und sich hinsichtlich der Marktmechanismen keinen Illusionen hingibt. Der Mensch ist von Natur aus Kapitalist, der, wie Thomas Hobbes schon klar gesehen hat, mehr akkumuliert, als er für sich selbst braucht. Aber das heißt natürlich nicht, dass die Rationalität des Kapitalismus die Moral ersetzen kann. Daher die respektablen Versuche, aus christlicher Sicht die erfolgsorientierte kapitalistische Wertordnung um eine naturrechtliche Individual- und Sozialethik zu ergänzen. Wie die Ergänzung aussehen soll, bleibt allerdings unbestimmt und läuft auf die Idee der Verteilungsgerechtigkeit hinaus, die sich letztlich auf die göttliche Gerechtigkeit beruft. Aber ist das mehr als ein frommer Wunsch? Jedenfalls gibt es Grund genug, sich nicht auf den Segen einer gerechten Verteilung der Güter zu verlassen. Barmherzigkeit ist eine Tugend, aber kein Prinzip, mit dem man an die moderne Lebensform der Erfolgsmenschen herankommt. Die christlich orientierte Wirtschaftsethik genügt daher nicht, um mit dem Problem des Erfolgs fertig zu werden.

Das macht die Aufgabe für den Ethiklehrer allerdings nicht einfacher. Denn selbst wenn klar ist, dass Erfolg nur so lange akzeptabel ist, wie er mit redlichen Mitteln erzielt wird, bleibt das Erfolgsstreben immer mit der Gefahr des Egoismus verbunden. Der Egoismus wird noch problematischer, wenn moralisch gutes Handeln nur dazu dient, die Selbstgerechtigkeit zu steigern. Man muss sich fragen, wie die Ethik uns davor bewahren kann, dass der Erfolg, der auf geistiger Ebene in der Anerkennung besteht, uns in Abhängigkeit von der Meinung der anderen bringt und uns von uns selbst entfremdet.

Das Problem ist also, wie jemand auch in der Moral erfolgsorientiert sein kann, ohne der Verführung durch den Erfolg zu erliegen. Um dieser Gefahr zu entgehen, scheint es nur einen Weg zu geben: In allem, was wir tun, muss die Sache im Vordergrund stehen. Wer beispielsweise eine Hilfsaktion für Not leidende Menschen startet, muss wirklich an der Linderung des Leids interessiert sein und darf sich in seinen Handlungen nicht von der Anerkennung leiten lassen, die ihm durch den Erfolg seiner Aktion möglicherweise zuteil wird. Denn die Sache ist etwas, von der auch die anderen Menschen Nutzen haben. Nur durch die Sachorientierung wird der rein subjektive Standpunkt, der moralische Solipsismus, überwunden. Durch die Liebe zu den Sachen hat in einer erfolgsorientierten Konkurrenzgesellschaft auch die Liebe zu den Menschen wieder eine Chance.

Von moralischem Erfolg kann man daher nur sprechen, wenn sich jemand für eine Sache einsetzt und auf diese Weise den Menschen das Gefühl der Ehrlichkeit und Zuverlässigkeit vermittelt. Das ist häufig nicht so einfach, wie es aussieht. Denn die Meinungen darüber, welche Sachen gut sind, gehen auseinander, und in Konfliktfällen bedarf es in der Regel langer Überzeugungsarbeit, um zu einem tragfähigen Kompromiss zu gelangen. Moralischer Erfolg besteht demnach auch und vor allem darin, durch sachorientiertes Handeln die anderen davon zu überzeugen, dass man auf lange Sicht mit einer realistischen Einschätzung der Lage am weitesten kommt. Kriegsparteien beispielsweise, die daran gewöhnt sind, ihre Ziele mit Gewalt durchzusetzen, können nur allmählich davon überzeugt werden, dass Gewaltlosigkeit der einzige Weg ist, der am Ende allen zugute kommt. Zur Sachorientierung gehört demnach auch ein richtiger Umgang mit Überzeugungen, die sich selbst verstärken. Hier liegt ein Schneeballeffekt der Sachorientierung vor, der auch in der Moral dem Satz Gültigkeit verschafft, dass nichts so erfolgreich ist wie der Erfolg.

Eine Rehabilitierung des Erfolgs, die in der Ethik auf dem Programm steht, erfordert zunächst eine genaue Bestimmung des Begriffs. Das ist eine interessante Aufgabe, bei deren Lösung der Ethiklehrer sich der Mitarbeit der Klasse sicher sein kann. Denn dabei geht es in erster Linie um die Frage, in welcher Weise sich Erfolg vom Selbstwertgefühl des Subjekts her definieren lässt. Das Selbstwertgefühl aber ist es, um das die jungen Menschen in ihrer Entwicklung am intensivsten ringen. Wo sich ein moralisch verantwortliches Subjekt ausbilden soll, muss ihm auch das Erfolgsstreben bzw. der Erfolg zugestanden werden.

Der nächste Schritt besteht im kritischen Durchgang der Ethiken, die den Erfolg in den Mittelpunkt ihrer Überlegungen stellen. Das beginnt in der Neuzeit mit Spinoza, führt über den Utilitarismus des 19. Jahrhunderts bis zu den zahlreichen Spielarten des ethischen Pragmatismus der Gegenwart, einschließlich der Ethik des Kapitalismus. Den terminologischen Mittelpunkt bildet zwar meistens nicht der Begriff des Erfolgs, sondern der ältere Begriff des Nützlichen, aber da immer die Folgen einer Handlung über ihren Wert entscheiden, ist die Verbindung zwischen Nutzen und Erfolg leicht herzustellen.

Schließlich bleibt noch die Aufgabe, die Erfolgsethik auf die besondere Situation zu beziehen, in der sich der Lehrer und seine Schüler befinden. Auch wenn manche Schüler der Meinung sein sollten, Ethikunterricht lohne sich nicht, sind doch auch sie auf eine gute Note angewiesen. Um sie nicht zu Heuchlern zu erziehen, muss der Lehrer alles daransetzen, sie vom Nutzen der Ethik zu überzeugen. Der Ethiklehrer macht sich in diesem Punkt keine Illusionen: Will er seinen Beruf nicht an den Nagel hängen, ist er zum Erfolg verdammt. In der Schule wie im Leben aber hat nur derjenige Erfolg, der sich selbst einbringt. »Aber wie kann ich«, so die Klage des Ethiklehrers, »mich einbringen, wenn ich durch die Lehrpläne gebunden und auf einen Unterrichtsstil festgelegt bin, der meine Individualität erstickt?« Eine überzeugende Antwort fällt nicht leicht. Ein Ausweg wäre die Veränderung der Strukturen, die an den Schulen herrschen. Aber dazu müsste der Ethiklehrer zum Politiker oder gar zum Sozialrevolutionär werden, eine Rolle, die er aber aus den gleichen Gründen, mit denen er das Angebot des Direktors abgelehnt hat, nicht spielen möchte.

In dieser Situation bleibt dem Lehrer nur der Ausweg, über den Erfolg nachzudenken und die Klasse zur Mitarbeit zu bewegen. Wohin das führt, belegt ein Gespräch über den Erfolg, das der Lehrer mit seinen Schülern geführt hat (I). Daran schließt sich eine kurze Geschichte der Erfolgsethik an (II). Den Abschluss bilden einige Überlegungen zum Umgang mit dem Erfolg (III).

I

Ein Gespräch über den Erfolg

Schüler: *In welcher Welt leben wir eigentlich? Überall verlangt man von uns Leistungen. Auch in der Schule reden alle nur von »Leistungskurs«, »Leistungssport«, »Leistungstest« usw.*
Lehrer: *Was versteht ihr denn unter Leistung?*
Schüler: *Leistung ist die Erfüllung von Anforderungen, die von den Erwachsenen festgelegt werden. Niemand fragt uns, ob wir das wollen.*
Lehrer: *Ihr seht die Sache nicht ganz richtig. Leistung wird euch nicht nur von außen aufgezwungen, sondern entspricht auch eurem Selbstverständnis. Das ist natürlich historisch bedingt. Der Aufstieg der Leistung zum Wertbegriff geht soziologisch auf die Entstehung der Arbeitsgesellschaft im 19. Jahrhundert zurück und hat philosophische Wurzeln im Idealismus. Wenn Kant das Selbstbewusstsein als »Synthesis« und Fichte das »Ich« als »Tathandlung« definiert, wie ich euch kürzlich erklärt habe, so ist das eine subjektphilosophische Weichenstellung gewesen, die vom rein kontemplativen Lebensideal der Antike wegführt. Die neuere Bewusstseinstheorie geht noch einen Schritt weiter. Der Begründer der*

Phänomenologie, *Edmund Husserl*, hat das intentionale Bewusstsein »leistendes Bewusstsein« genannt. Das bleibt natürlich nicht ohne Folgen für die Ethik. Wenn der Mensch sich durch und durch als Aktivität begreift, können auch die moralischen Werte nicht durch bloße Teilhabe an überzeitlichen Ideen definiert werden.

Schüler: *Das ändert aber nichts am Leistungsdruck, unter dem wir leiden.*

Lehrer: Übertreibt nur nicht. So groß kann der Druck wohl kaum sein. Eine gute Note ist doch auch für euch ein Erfolgserlebnis. Sonst wärt ihr nicht so hinter den Noten her. Vielleicht urteilt ihr gerechter, wenn ihr euch über den Begriff »Erfolg« Gedanken macht: Rein formal lässt sich Erfolg als Erreichen eines Ziels aufgrund eigener Leistung definieren. Aber nicht bei jedem Ziel kann man von Erfolg sprechen. Von »erfolgreichem Einbruch« oder »erfolgreichem Mord« reden nicht einmal die Kriminellen. Im allgemeinen Sprachgebrauch bedeutet Erfolg Erreichen eines gesellschaftlich anerkannten Ziels. Auch eine militärische Operation beispielsweise kann hinsichtlich der gesteckten Ziele erfolgreich sein, zugleich aber politisch und moralisch auf Bedenken stoßen, so dass die Rede von militärischen Erfolgen (früher sprach man von »Siegen«) uns heute ungut in den Ohren klingt.

Schüler: *Wir wollen keinen Krieg.*

Lehrer: Davon ist doch gar nicht die Rede. Hier geht es um Begriffsklärungen. Hält man die Begriffe »Leistung« und »Erfolg« nebeneinander, so tritt ein Unterschied hervor. Erfolg meint Leistung, die bei anderen Anerkennung findet und belohnt wird. Hier liegt allerdings ein zirkuläres Verhältnis vor. Das Prädikat »erfolgreich« bezieht sich auf anerkannte Ziele, wobei die allgemeine Anerkennung ihrerseits durch den Erfolg mitbestimmt wird. Das macht den Erfolg zum Selbstläufer, so dass in der Tat nichts erfolgreicher ist als der Erfolg.

Schüler: *Aber dadurch wird das Erfolgsstreben doch nicht zur Tugend. Wer in der Ethik auf den Erfolg baut, verfehlt das moralisch Gute und setzt auf das Richtige. Das Richtige aber gehört nicht in die Moral, sondern in die Strategie.*

Lehrer: *In der Sprache der Moral ist die Bezeichnung »richtig« keineswegs neutral. Niemand sagt, ein Einbrecher habe richtig gehandelt. Das Richtige ist zwar ziel- und situationsabhängig, bezeichnet aber auch einen Eigenwert. Ob jemand das Richtige getan hat, bemisst sich demnach nicht allein an den Folgen. Auch derjenige, der in seinen Zielen scheitert, kann das Richtige gewollt haben.*

Schüler: *Was ist das moralisch Richtige?*

Lehrer: *Das Richtige bezeichnet ein Verhalten, nach dem wir uns gut fühlen und in dem wir von anderen bestätigt werden. Es umfasst neben der Sache auch den Handelnden selbst. Das gilt auch für den Erfolg.*

Schüler: *Was soll das heißen?*

Lehrer: *Während Leistung ausschließlich sachbezogen ist und sich nach objektiven Kriterien messen lässt, hat der Erfolg neben der objektiven eine subjektive Seite. Der Erfolg stärkt das Selbstbewusstsein. Das birgt aber auch die Möglichkeit der Täuschung und Selbsttäuschung in sich. Erfolgsstreben ist daher nur so lange moralisch akzeptabel, wie es mit Aufrichtigkeit gegenüber anderen und gegenüber sich selbst verbunden ist. Der Karrierist und mehr noch der Hochstapler schrecken vor Täuschung der anderen nicht zurück. Sie täuschen in der Regel aber auch sich selbst, ohne es zu merken. Sie handeln in dem mehr oder weniger guten Glauben, an der Sache interessiert zu sein, und werden zu Opfern ihres Geltungsdrangs.*

Schüler: Die zweifache Ausrichtung auf die Sache und auf die Person macht »Erfolg« zu einem unbestimmten Begriff, mit dem man alles rechtfertigen kann.

Lehrer: Keineswegs. Bezieht man den Begriff beispielsweise auf Kants Unterscheidung von Absicht und Gesinnung als »Form der Setzung einer Absicht«, so kann man daraus in moralischer Hinsicht die Folgerung ziehen: Erfolgsstreben ist nicht als Absicht, sondern nur als Gesinnung ein moralischer Wert, nämlich als Dienst an der Sache, als Erfüllung der Aufgaben.

Schüler: Das kommt uns aus dem Deutschunterricht bekannt vor. Es ist »schwerer Dienste tägliche Bewahrung«, die Goethe für »des Lebens höchste Offenbarung« hält.

Lehrer: Sehr richtig. Der Erfolg, der sich hier einstellt, braucht nichts Spektakuläres an sich zu haben, sondern kann das beinhalten, was man ein »gelungenes Leben« nennt. Damit dürfte klar sein, dass moralischer Erfolg sich nicht auf eine einzige Handlung oder Klasse von Handlungen bezieht, sondern die Art und Weise beinhaltet, wie der Einzelne mit seinem Erfolgsstreben umgeht. Erfolg in moralischer Hinsicht steht demnach für den ganzen Menschen, so wie man in der Wirtschaft vom »erfolgreichen Unternehmer« spricht. Das ist nicht jemand, der irgendwann einmal einen großen Gewinn einfährt, sondern der seine Firma über lange Zeit auf Wachstumskurs hält.

Schüler: Wie erreicht man das?

Lehrer: Indem man sich Sachkompetenz aneignet und genügend Energie aufbringt, sein Wissen dauerhaft einzusetzen. Der Ganzheitsaspekt, der die moralische Dimension des Erfolgs ausmacht, kommt also auch hier zum Tragen. Nur unter dieser Voraussetzung fallen Erfolg und Leistung zusammen.

Schüler: *Dürfen wir zusammenfassen, Herr Oberlehrer? Wir beziehen unser Selbstwertgefühl zunehmend aus dem Erfolg, insofern und in dem Maße, wie wir durch die Anerkennung unserer Leistungen unserer eigenen moralischen Stärke innewerden. Denn Erfolg macht uns glücklich und hebt unser Selbstwertgefühl. Allerdings darf das Erfolgserlebnis nicht zur Abhängigkeit vom Erfolg führen. Unsere moralische Stärke zeigt sich gerade darin, auch mit Misserfolgen fertig zu werden. Da beim Erfolg immer auch Zufall und Glück mitspielen, braucht sich niemand vom Misserfolg unterkriegen zu lassen, wenn er nur gewillt ist, auch in Zukunft sein Bestes zu geben. Richtig so?*

Lehrer: *Die Ironie könnt ihr euch sparen. Ihr habt genau verstanden, worum es geht. Ihr dürft euch aber durch den Erfolg nicht verleiten lassen und übermütig werden. Auch hier lässt der Umgang mit dem Erfolg das Ethische hervortreten, das darin liegt, den eigenen Erfolg nicht gegen andere auszuspielen. Wenn Bescheidenheit auch ironisch eine Zier genannt wird, ohne die man in der Welt weiter kommt, so steht dem doch die Erfahrung entgegen, dass Hochmut, den man heute Arroganz nennt, vor dem Fall kommt.*

Schüler: *Das haben schon unsere Großeltern gesagt.*

Lehrer: *Dann wird wohl auch etwas Wahres dran sein.*

Das Gespräch hat dem Lehrer lange zu denken gegeben. Er war verwundert darüber, wie schnell die Schüler, trotz anfänglichen Sträubens, sich doch auf die Erfolgsethik eingelassen haben. Gerade die Jugendlichen von heute, die auf Erfolg getrimmt werden und deren Selbstwertgefühl von Erfolgserlebnissen abhängt, gewinnen auf diese Weise am ehesten Zugang zur Moral. Ihnen fällt es leichter als früheren Generationen, die Bedeutung des Erfolgs anzuerkennen, ohne ihm geradewegs zu verfallen. Haben sie doch, wie das Gespräch erkennen lässt, ein distanziertes und geradezu ironisches Verhältnis zum Erfolg, das man braucht, um sich mit einer Erfolgsethik vertraut zu machen.

II

Erfolgsethiken

Die Bezeichnung »Erfolgsethik« hat sich erst in unserem Jahrhundert durch Max Scheler eingebürgert, der sie der »Gesinnungsethik« gegenüberstellt. Ihre historischen Ausformungen orientieren sich allerdings nicht am Begriff des Erfolgs, sondern am Begriff des Nützlichen. Der Ausdruck spielt schon in der Antike eine Rolle, rückt aber erst in der Neuzeit zum zentralen Grundbegriff der humanistischen Ethik auf. Es wäre eine lohnende Aufgabe, mit historisch interessierten Schülern der Bedeutung von lat. *utile* ›nützlich‹ bei den Moralisten vom Humanismus bis ins Zeitalter der Aufklärung nachzugehen. Ein Nachhall der moralischen Bedeutung von »nützlich« findet sich in zahlreichen Wendungen der Alltagssprache, so wenn man einen Menschen als »Nichtsnutz« qualifiziert oder ihn auffordert, sich »nützlich zu machen«. Dass es hier um mehr als eine Instrumentalisierung der Person geht, lässt sich an dem Verlangen vieler Menschen ablesen, von anderen gebraucht zu werden. Jeder stimmt zu, wenn der Bundeskanzler in der Neujahrsansprache versichert, es sei das oberste Ziel der Innenpolitik, sowohl den jungen wie auch den alten Menschen das Gefühl zu geben, in unserer Gesellschaft gebraucht zu werden. Die frühere englische Premierministerin Margaret Thatcher hat den Gedanken auf die prägnante Formel gebracht, Arbeitslosigkeit sei für Menschen die »Sklaverei der Nutzlosigkeit«.

Das bedeutendste ethische System der Neuzeit, in dem der Begriff des Nützlichen als Grundprinzip fungiert, ist das von Baruch de Spinoza. Seine Ethik, deren praktischer Teil, wie schon besprochen, in der Ausschaltung der Affekte durch Kontrolle der Einbildungskraft besteht, beruht in theoretischer Hinsicht auf dem Prinzip der Selbsterhaltung. Das klingt für den heutigen Leser sehr nach Darwinismus, ist aber nicht so gemeint. Selbsterhaltung (lat. *conservatio sui*) heißt für Spinoza nicht »Kampf ums Dasein«, wie bei Charles Darwin, der die Individuen gnadenlos der Erhaltung der Art opfert. Spinozas Erhaltungsprinzip kennt diese Opfer deshalb nicht, weil es einer rationalistischen Ontologie entspringt, die ihren prägnantesten Ausdruck in der Formel »Gott oder Natur« gefunden hat. Sie steht für eine Seinsordnung, in der das Ganze und die Teile perfekt miteinander harmonieren.

In diesem Rahmen ist Spinozas ethisches Prinzip zu verstehen, »wonach jeder gehalten ist, seinen Nutzen zu suchen«. Gegen den Einwand, dieses Prinzip führe zu Egoismus und Anarchie, verteidigt sich Spinoza mit dem Argument, die Verfolgung des eigenen Nutzens schließe immer die Berücksichtigung der anderen ein. Das trifft natürlich nur dann zu, wenn man den Nutzen nicht auf der Ebene der Affekte, sondern auf der Ebene der Vernunft sucht, auf der nach Überzeugung des neuzeitlichen Rationalismus alle Menschen gleich sind. So ist auch Spinozas weitere Erklärung zu lesen: »Für den Menschen ist daher nichts nützlicher als der Mensch« (E 205). Das gilt nicht für den Menschen als Arbeitstier, das dem anderen zu Diensten steht, sondern für den Menschen als *animal rationale*, »der nach der Leitung der Vernunft lebt« (E 216). Im Vernunftgebrauch treffen sich die Menschen als freie und selbständige Wesen; nur in den Affekten weichen sie voneinander ab und verhalten sich unbeständig. Die »Ohnmacht des Gemüts« ist für Spinoza daher moralisch verwerflich, Konstanz und Verlässlichkeit hält er dagegen für die notwendigen Voraussetzungen eines moralisch guten Lebens.

Die Nützlichkeitsethik gipfelt bei Spinoza im Menschheitsideal einer rational fundierten Solidargemeinschaft. Hier soll es nur »freie Menschen« geben, die sich im Umgang mit anderen nicht vom Mitleid leiten lassen, sondern von der Einsicht in das, was für ein friedliches Zusammenleben nützlich und notwendig ist. Daraus spricht die richtige Erkenntnis, dass wahre Solidarität nicht in schlechten, sondern in guten Zeiten entsteht. Der von der Vernunft geleitete »freie Mensch« kann es sich leisten, anderen etwas zu geben, solange er mit sich selbst einig und zufrieden ist. Kurzum, Spinoza schwebt eine Gemeinschaft selbstbewusster und starker Persönlichkeiten vor, die dem Leben zugewandt sind und sich von anderen nicht beeindrucken lassen. Falsches Mitleid, Kleinmut und Selbsthass hält Spinoza dagegen für moralisch verwerflich, da sie von einem Mangel an Selbsterkenntnis zeugen.

Die Stärken von Spinozas Nützlichkeitsethik sind unübersehbar. Sie zeugt von einem realistischen Menschenbild, das übertriebenem Subjektivismus und Sentimentalismus in moralischen Dingen einen Riegel vorschiebt. In dieser Tendenz folgt Kants Ethik dem Vorbild Spinozas. Trotzdem kann man sich des Eindrucks nicht erwehren, dass die existentielle Geworfenheit des Menschen in Spinozas Ethik noch nicht zu ihrem Recht kommt. Sein Weltbild bleibt statisch bis zur Starrheit, was natürlich eine gewisse Kälte verbreitet. Das gilt übrigens auch für Spinoza selbst, den Nietzsche nicht zu Unrecht als »abnormsten und einsamsten Denker« bezeichnet hat. Die Abnormität liegt darin, dass Spinoza in seinem Leben und Denken zwar bescheiden auftritt, die Bescheidenheit aber nichts mit Demut zu tun hat, sondern mit einer kalten Verachtung all der Seiten des Menschen, die keiner rationalen Kontrolle unterliegen.

Spinozas Philosophie ist von den Theologen stark angefeindet worden. »Spinozismus« galt noch bis ins 19. Jahrhundert hinein als Totschlagargument. Der eigentliche Gegenentwurf zu Spinozas Ethik kam zu Beginn des 19. Jahrhunderts, aber nicht aus theologischer Richtung. Obwohl das von den Interpreten meist verkannt wird, ist es Schopenhauers Mitleidsethik, die als Antwort auf Spinoza gelesen werden muss. Nach Spinoza ist Schopenhauer der zweite große Monist der Neuzeit, der die Welt und den Menschen aus einem einzigen Prinzip erklärt: vernünftige Selbsterhaltung bei Spinoza und triebhafter Wille zum Leben bei Schopenhauer. Daraus ergibt sich der entscheidende Unterschied zwischen Spinozas Moral der aktiven und starken Persönlichkeit und Schopenhauers Mitleidsethik. Die Einheit der Menschen sieht Schopenhauer nämlich dort, wo Spinoza nur Verschiedenheit sieht: in der Geworfenheit und Verletzlichkeit der menschlichen Existenz.

Man kann das als Ernüchterung interpretieren, die geistesgeschichtlich den Schritt vom Rationalismus zur Romantik, vom Optimismus zum Pessimismus markiert. Damit bringt Schopenhauer Erfahrungen der modernen Subjektivität zur Geltung, zu denen die rationalistische Nützlichkeitsethik noch nicht vorgedrungen ist. Das bedeutet aber keineswegs das endgültige Aus der Nützlichkeitsethik. Im Gegenteil: Die Utilitaristen des 19. Jahrhunderts von Jeremy Bentham über John St. Mill bis Henry Sidgwick passen den Begriff des Nützlichen den Bedingungen der liberalistischen Markt- und Gesellschaftsordnung an. Durch die Einbeziehung der Folgen einer Handlung als Bemessungsgrundlage ihres moralischen Werts, durch das also, was in der philosophischen Fachterminologie »Konsequenzialismus« heißt, erfährt der Hedonismus, den die Utilitaristen mit Epikur teilen, eine der modernen Ökonomie angemessene Objektivierung.

Jeremy Bentham versteht unter dem Begriff des Nützlichen, den er seiner *Deontologie* genannten Ethik zugrunde legt, die Verteilung der Lust auf eine möglichst große Zahl von Menschen. Die Lustverteilung, die nach Benthams »Nützlichkeitsprinzip« noch sehr buchhalterisch vor sich geht, nimmt in Mills *Utilitarismus* flexiblere und humanere Formen an. Das liegt daran, dass Mill die Plastizität der Lust berücksichtigt, so dass er nicht mehr auf die Verrechnung von Lustquanten angewiesen ist. Daher kann Mill mit mehr Recht als Bentham für sich in Anspruch nehmen, dass im Utilitarismus Nützlichkeit und Lust keine Gegensätze bilden.

Die Nützlichkeit oder das Prinzip des größten Glücks, die nach Mill die Grundlage der Moral bilden, definiert er rein formal als den Zustand, in dem jeder nach seiner Façon glücklich werden kann. Das ist freilich nur in einem gesetzlich geregelten Zustand der Gesellschaft möglich, in der es jeder als seine moralische Pflicht empfindet, sich an die sozialen Regeln zu halten. Diese dem ökonomischen und politischen Liberalismus entsprechende Form der Erfolgsethik wird als »Regelutilitarismus« im Unterschied zum »Handlungsutilitarismus« bezeichnet. Der Regelutilitarismus besagt, dass die Beurteilung der Einzelhandlung nicht direkt nach den aus ihr zu erwartenden Konsequenzen erfolgt, sondern nach ihrer Übereinstimmung mit allgemein anerkannten Handlungsregeln. Diese Unterscheidung, die Anlass zur Diskussion interessanter Fallbeispiele gibt, lässt den Fortschritt des Utilitarismus gegenüber Spinozas Nützlichkeitsmoral erkennen. Er liegt darin, dass dem Individuum und seinem wohlverstandenen Eigeninteresse, das aus der Zufälligkeit seiner Konstitution resultiert, mehr Raum zugebilligt wird. Wir haben schon erwähnt, dass Mill in seiner späteren Freiheitsschrift die Notwendigkeit exzentrischer Individualität für das Gedeihen der Gesellschaft hervorhebt. Damit deutet sich die Dialektik der Nützlichkeitsethik an: Nichts ist im Leben nützlicher als das scheinbar Unnütze.

Wie abzusehen, hat die Kritik am Utilitarismus nicht lange auf sich warten lassen. Die bis heute gängigen Vorwürfe lauten: Naturalismus, Reduktion des menschlichen Strebens auf materielle Güter, Zerstörung jeder übersinnlichen Perspektive. Da nichts von alldem bei Mill zu finden ist und seine schärfsten Kritiker dem Utilitarismus bis heute mehr verdanken, als ihnen lieb ist, sollen diese Vorwürfe hier nicht weiter diskutiert werden. Interessanter erscheint die Tatsache dagegen, dass Nietzsche den Utilitarismus verwirft, da er ihn mit den elitären Ansprüchen seiner »Moral der Starken« für unvereinbar hält. Ferner wäre noch an die Kritik des im 19. Jahrhundert viel gelesenen englischen Moralphilosophen Jean-Marie Guyau zu erinnern, der die im utilitaristischen Nützlichkeitsprinzip vorausgesetzte oder angestrebte Identität der Interessen aller als in sich widersprüchliche Konstruktion betrachtet. Denn, so Guyau kategorisch: »Jede Notwendigkeit, die rein subjektiv und gleichzeitig ganz bewusst ist, hebt sich auf« (EG 394). Damit trifft Guyau einen wunden Punkt des Utilitarismus, nämlich die Vereinbarkeit von subjektiver Lust und objektiver Nützlichkeit. Die Nichtfeststellbarkeit der Lust ist es auch, die den systematischen Bedenken zugrunde liegt, die neuerdings wieder gegen den Konsequenzialismus vorgebracht werden.

Diese Schwierigkeiten finden ihren Niederschlag und ihre Berücksichtigung in der Form, welche die Nützlichkeitsmoral im Pragmatismus unseres Jahrhunderts angenommen hat. Hier vollzieht sich der Übergang vom utilitaristischen Nützlichkeitsprinzip zum Begriff des Erfolgs. Laut pragmatistischer Auffassung beruht Erfolg darauf, dass Handlungssphären unterschieden und isoliert werden, so dass moralische Verantwortung nicht immer bis in die Tiefe der menschlichen Seele reichen muss. Diese Einstellung hat insbesondere das ethische Denken im angelsächsischen Sprachraum dieses Jahrhundert beherrscht. Hauptvertreter sind William James mit seiner pragmatischen Werttheorie sowie John Dewey mit seiner Situationsethik, die auf absolute Gewissheiten verzichtet. In Deutschland hat unter dem Einfluss des Idealismus der ethische Pragmatismus allerdings nur wenige Freunde gefunden. An den Universitäten jedenfalls taucht er kaum auf, geschweige denn in den Lehrplänen für den Ethikunterricht an den Schulen. Das ist umso erstaunlicher, als es gerade die Gedanken John Deweys waren, die bei der demokratischen Umerziehung der westdeutschen Bevölkerung Pate gestanden haben.

Von den deutschen Autoren, die der Erfolgsethik des Pragmatismus nahestehen, sind Arnold Gehlen und Hermann Lübbe zu nennen. Im Rahmen seiner Anthropologie und seiner Institutionenlehre hat Gehlen einen funktionalen Moralbegriff entwickelt, der das Ethische als Sozialregulation begreift. Er betont die Notwendigkeit der Außenstabilisierung des menschlichen Verhaltens und wendet sich scharf gegen die Absolutsetzung einer von der gesellschaftlichen Wirklichkeit abgekoppelten Innerlichkeit, die zu dem Phänomen führt, das Gehlen »Hypermoral« nennt. Für den Kenner der Materie und der historischen Konstellation, aus der Gehlens moralphilosophische Schriften entstanden sind, bilden sie eine Fundgrube moral- und gesellschaftskritischer Gedanken, die häufig in unübertrefflicher Schärfe und Plastizität formuliert sind. Allerdings setzt der zeitbedingte Konservatismus der Verwendbarkeit Gehlens im Unterricht Grenzen.

Besser für den Ethikunterricht eignen sich die moralphilosophischen Schriften von Hermann Lübbe, der mit Beispielen aus der praktischen Politik arbeitet. Vorbildlich ist seine Darstellung der Unterscheidung zwischen Normenbegründung und Normendurchsetzung. Wie Gehlen wendet sich Lübbe gegen die Vereinnahmung aller Lebensbereiche durch eine Einheitsmoral. Insbesondere zeigt er die verheerenden Folgen einer Moralisierung der Politik auf, die im »politischen Moralismus« endet, der sich moralisch legitimiert fühlt, zur Durchsetzung seiner Ziele über Leichen zu gehen. Gegenüber den Vertretern der Kritischen Theorie und der Diskursethik plädiert Lübbe für eine Rehabilitierung der instrumentellen Vernunft. Lübbe bezweifelt, dass Erfolgsdenken notwendig moralische Indifferenz gegenüber den Zielen nach sich zieht. Er vertritt demgegenüber die These, dass organisierte Verbrechen nicht von moralisch indifferenten Individuen begangen werden, sondern von moralischen Fanatikern.

Die Heilsamkeit der Trennung von Moral und Politik ist aber nicht das letzte Wort der pragmatischen Ethik. An Lübbe wird deutlich, dass die Erfolgsethik dazu tendiert, in praktische Politik überzugehen. Hier erfolgt eine Annäherung von Moral und Leben, die einem

»Abschied vom Prinzipiellen« (Odo Marquard) gleichkommt und ein neues Bild vom Menschen nach sich zieht. Es ist das Bild eines Wesens, das die Spielregeln verschiedener Lebensbereiche beherrscht und das seine personale Einheit nur noch in der Art und Weise findet, wie es von einem Spiel zum anderen übergeht. Die Erfolgsethik mündet somit schließlich in einen Pluralismus, für den die Bezeichnung »postmodern« durchaus angemessen ist.

III

Was folgt aus dem Erfolg?

Die kurze Darstellung der Geschichte der Erfolgsethik spiegelt die Entwicklung der ökonomischen Strukturen und damit verbundenen Rationalitätsbegriffe vom Beginn der Neuzeit bis heute wider. Abschließend soll nun das Gegenbild zur Geltung gebracht werden, das schon in der Ethik Schopenhauers aufscheint und das bis heute nichts an Attraktivität verloren hat. Es ist der Weg der »Entsagenden« (Goethe), für die das Ethische darin besteht, das Erfolgsstreben zu überwinden und die Welt »loszulassen«. Der sich darin äußernden Erlösungssehnsucht verdankt etwa der Buddhismus in Europa seine Anziehungskraft, der schon Schopenhauer erlegen war und die in immer neuen, nicht selten sektiererischen Formen durchschlägt. Gerade bei jungen Menschen fällt die Alternative zur Erfolgsethik auf fruchtbaren Boden, so dass der Ethiklehrer nicht umhin kann, ausführlich darauf einzugehen.

In einer ganz auf Leistung abgestellten Welt ist der buddhistische Weg der Weltverneinung sicherlich keine ernsthafte moralphilosophische Perspektive. Sie steht allenfalls Aussteigern und Randgruppen offen, die darauf bauen können, dass die Arbeit von den anderen gemacht wird. Das schließt aber nicht aus, dass in der Idee der Weltverneinung ein Ansatz steckt, der dem Erfolgsdenken fehlt. Denn selbst der Erfolgreiche sieht sich eines Tages vor Fragen gestellt, auf die eine reine Erfolgsethik keine Antwort geben kann: die Frage etwa, warum er sein ganzes Leben überhaupt dem Streben nach Erfolg unterworfen hat! Daher bedarf es einer Ergänzung der Erfolgsethik um ein Erlösungswissen, das den Entsagenden zur Verfügung steht. Die Ergänzung bleibt allerdings ganz im Diesseitigen und lässt sich auf eine unmystische Formel bringen: Strebe nach Erfolg, aber warte, bis der Zucker schmilzt.

Das Bild des Zuckerwürfels, der seine Zeit braucht, bis er sich im Glas Wasser aufgelöst hat, stammt vom Lebensphilosophen Henri Bergson. Er will damit die Unhintergehbarkeit der erlebten Dauer verdeutlichen, die sich durch Aktivität nicht beliebig abkürzen lässt. Für den ungeduldig Drängenden, der sofort die Erfolge seiner Taten sehen will, wird das Warten zur Qual. Wer dagegen warten kann, dem eröffnet sich eine neue Lebensdimension. Er entdeckt eine ganz eigene Art der moralischen Stärke, die in der Zurückhaltung und im Loslassen liegt. Denn nur wer warten kann, bis der Kampf der Motive durchgekämpft ist, gibt sich und den anderen die Chance, für neue Taten reif zu werden. »Bereit sein ist alles«, lautet ein alter Spruch, der nicht als Aufforderung zum Quietismus oder gar zum Fatalismus missverstanden werden darf. Vielmehr spricht daraus die Anerkennung der Endlichkeit des Menschen und der relativen Unverfügbarkeit der Welt.

Durch diese Ergänzung gewinnt die Erfolgsmoral an

Tiefe, die auf die Ganzheit der Person zurückweist. Ganzheit heißt freilich nicht substantielle Einheit, sondern Konsequenz einer Lebenseinstellung, die es dem Menschen ermöglicht, auch im Falle eines Misserfolgs weiterzuleben. Zur Festigung dieser Einstellung gehört das, was die Soziologen »Vollzugsbedachtheit« genannt haben. Vollzugsbedachtheit heißt Vermeidung von Voreiligkeit, die schon René Descartes als Charakterschwäche gebrandmarkt hat, da sie sowohl das logische als auch das moralische Urteil verdirbt. Moralische Urteilskraft erfordert vielmehr ruhige Analyse der Situation und insbesondere die Bereitschaft, mögliche Fehler auch bei sich selbst zu suchen. Auf diese Weise wird das Erfolgsstreben auf die Sache zurückgelenkt, deren Anforderungen den Handelnden davor bewahren, Opfer seiner eigenen Ungeduld zu werden. Diese Überlegungen lassen den Schluss zu, dass Sachorientierung der Königsweg der Erfolgsmoral ist. Denn er führt zu dem Punkt, an dem Drängen und Abwarten, Aktivität und Passivität zusammenfallen. Der Königsweg ist nicht leicht zu betreten, da er in der Lösung einer paradoxen Aufgabe besteht, die ein hohes Maß an Selbstdisziplin erfordert. Das Paradox liegt darin, dass der nach Erfolg Strebende sein Augenmerk auf die Sache und nicht auf das Ergebnis richten muss. Wie kann man beides auseinander halten?

Ich stelle mir vor: Der Ethiklehrer weilt in Japan, wo er sich mit den Lebensformen der Samurai vertraut macht. In einem Zentrum des Zen-Buddhismus wird er im Bogenschießen unterrichtet. Der Lehrer macht ihm deutlich, dass er nur dann ins Schwarze trifft, wenn er nicht an die Zielscheibe denkt, sondern sein geistiges Auge unbeirrt auf den Schuss richtet. Wer an das Ziel denkt, verfehlt in der Regel seinen Schuss, da die Gier seinen Geist unruhig und seine Hand schwankend macht. Der Ethiklehrer kann diese ans Mystische grenzende Unterweisung mit nach Deutschland nehmen und seinen Schülern an einem einfachen Beispiel nahe bringen. Wer in der Klassenarbeit die selbst gefundene Lösung der Aufgaben für weniger wichtig erachtet als die gute Note, die man dafür erhält, für den wird die Arbeit zu einer Art Russischem Roulette. Denn diese Einstellung kann leicht dazu verführen, die gute Note auch durch Täuschung zu erlangen, ein Weg, der umso bedenklicher ist, als er unweigerlich in der Selbsttäuschung endet. Das Gleichnis des Bogenschützen im Zen-Buddhismus sollte daher allen Erfolgsmenschen eine Warnung sein.

Die persönlichkeitsbildende Wirkung entfaltet die Erfolgsmoral nur in dem Maße, wie es dem Ethiklehrer gelingt, bei den Schülern Interesse an den Sachen zu wecken. Da die institutionellen Stützen der Moral wie Familie und Staat weitgehend weggebrochen sind, bleibt das Erfolgsstreben der einzige Weg, unter den Bedingungen der modernen Konkurrenzgesellschaft moralische Verantwortung auszubilden. Denn die Sachen im eigentlichen wie im übertragenen Sinn erfordern von uns Zuwendung und Pflege. Das gilt natürlich auch und umso mehr von den anderen Personen, die Anforderungen an uns stellen, denen wir nur in dem Maße gerecht werden, wie es uns gelingt, von unseren eigenen Wünschen und Empfindungen abzusehen. Die Erfahrung lehrt, dass jemand, der die Sachen nicht pflegt und schont, im Allgemeinen auch mit Menschen gleichgültig umgeht. Person und Sache gehören demnach in der Ethik eng zusammen und stützen sich in einer Weise, die den Schülern erst allmählich zum Bewusstsein kommt. Daher gibt es keine verfehltere moralpädagogische Lehre als die, durch falsche Erfolgsversprechen das Interesse der Schüler wecken zu wollen. Das Gegenteil ist richtig: Nur ein wirkliches Interesse an der Sache führt dazu, dass der Erfolg sich wie von selbst einstellt.

Damit ist das Thema Erfolgsethik aber noch nicht abgeschlossen. Bisher ging es ausschließlich darum, wie man mit dem eigenen Erfolgsstreben umgeht. Schwieriger aber ist die andere Seite, nämlich der Umgang mit dem Erfolg der anderen. Er löst bei uns Reaktionen aus, die zwischen Bewunderung und Neid liegen. Der Neid kann sich bei Erwachsenen bis zum »Lebensneid« steigern, eine Erfahrung, die Friedrich Nietzsche unter dem Stichwort Ressentiment beschrieben hat. In der Schule tritt Neid normalerweise in harmloserer Form auf, nämlich in der oft ungerechten Ablehnung eines Schülers als ›Streber‹. Insbesondere die christliche Ethik hat dem Neid viel Aufmerksamkeit geschenkt und in der Demut einen Weg aufgezeigt, Neidgefühle zu überwinden. Hier kann der Ethiklehrer anknüpfen und den Schülern vor Augen führen, dass der Neidische sich selbst am meisten schadet.

Noch schwieriger wird der Umgang mit dem Erfolg der anderen, wenn es sich um Menschen handelt, denen man selbst zum Erfolg verholfen hat. Wer wie der Lehrer im Beruf eine Position bekleidet, in der sein Urteil Gewicht hat, dem bleibt die bedrückende Erfahrung nicht erspart, dass manche Schüler die Förderung vergessen, sobald sie ihr Ziel erreicht haben. Das ist der sprichwörtliche Undank, der in der modernen Konkurrenzgesellschaft zum Normalfall zu werden scheint: dem Karrieristen gehört die Zukunft. Wie soll man sich diesem neuen Menschentyp gegenüber verhalten? Wie soll der Lehrer die oft bittere Enttäuschung überwinden, die ihm das Verhalten seiner sich später groß aufspielenden Zöglinge bereitet? Gott sei Dank sind das Fragen, mit denen der Ethiklehrer sich in der Klasse nicht zu beschäftigen braucht, da sie noch außerhalb des Erfahrungshorizonts der Schüler liegen. Aber sie stellen ein Problem dar, mit dem der Lehrer für sich selbst ins Reine kommen muss, um vor der Klasse eine Ethik des Erfolgs mit gutem Gewissen vertreten zu können.

Am Karrieristen, der seine Ziele ohne Rücksicht auf Verluste verfolgt, stößt die Erfolgsethik an ihre Grenzen. Das wird schon im 19. Jahrhundert deutlich, in dem das moralische Individuum zum ersten Mal die Macht der Strukturen zu spüren bekam, an deren Ausbildung es selbst beteiligt war. Die moralisch Sensiblen wussten sich nicht anders zu helfen als durch Flucht in die Resignation, die man auch Gelassenheit nennen kann. Aber wo nimmt man die Gelassenheit her, wenn alle Rezepte der Ethik versagen? Die Aufforderung, auch seine Feinde zu lieben, ist auf die Stütze des religiösen Glaubens angewiesen. Und die Hoffnung der modernen Diskursethik, mit anderen zu rationaler Verständigung zu gelangen, zerschlägt sich, wo die Beteiligten sich der Kommunikation entziehen. Will man an der Natur der Menschen nicht verzweifeln, drängt sich der Gedanke auf, von der Ethik zur Politik überzugehen, um Institutionen so zu verändern, dass Menschen nicht dazu getrieben werden, das Vertrauen anderer für ihren Erfolg zu missbrauchen.

Die Erfolgsethik stellt den Ethiklehrer vor eine schwierige Aufgabe. Sein Erfolg in der Klasse hängt schließlich davon ab, ob und inwieweit es ihm gelingt, vom Lehrer zum Vorbild zu werden. Der Unterricht kann nur überzeugen, wenn der Stoff von den Schülern als Vorbereitung auf eine ihnen bevorstehende Lebenswirklichkeit erlebt wird. Das aber ist nur dann der Fall, wenn der Lehrer auf Appelle verzichtet, die ohnehin nichts bewirken. Moralische Erziehung besteht darin, den Schülern die Fähigkeit zu vermitteln, ihr eigenes Verhalten von außen zu betrachten. Das ist bei jungen Menschen, die auf Erfolgserlebnisse angewiesen sind, alles andere als einfach. Aber der Lehrer darf nicht aufgeben. Er muss die jungen Menschen spüren lassen, dass er von Dingen redet, die sie noch nicht ganz begreifen, deren Ernst sie aber im späteren Leben einholen wird, wie schon Schopenhauer gesehen hat: »Weil wir dies also nicht vorher, sondern erst nachher erfahren, kommt es uns zu, in der Zeit zu streben und zu kämpfen, eben damit das Bild, welches wir durch unsere Taten wirken, so ausfalle, dass sein Anblick uns möglichst beruhige, nicht beängstige« (WWV 1,416).

Das Wissen, das der Ethiklehrer vermittelt, hat eine andere Qualität als das solcher Fächer wie beispielsweise Deutsch oder Physik. Es ist personales Wissen, das etwas mit dem Selbstverständnis der Schüler zu tun hat. Selbst für den, der es in der Schule für überflüssig hält, kommt im Leben sicherlich einmal der Punkt, an dem er den Nutzen des Ethikunterrichts begreift. Nämlich dann, wenn er sich auf dem Höhepunkt seines beruflichen Erfolgs die Frage stellt, was all sein Streben und Tun über die errungene Position hinaus gebracht hat. Es ist die Frage nach dem gelungenen Leben, die man sich als die viel beschworene Sinnfrage zu stellen pflegt. Spätestens hier wird deutlich, dass auch in der Ethik nichts so erfolgreich ist wie der Erfolg.

5. Kapitel

Klassenfahrt mit Schiffbruch.
Die sozialen Grundlagen der Moral

Auch in der Ethik hat der Erfolg seinen Preis. Da alle Wertungen auf die besondere Situation bezogen sind, bedarf es ständig neuer Anstrengungen, um das rechte Maß zu finden. Daher ist es verständlich, dass Schüler wie Lehrer sich gelegentlich nach Ferien von der Ethik sehnen. Eine gute Gelegenheit für gemeinsame Ferien bieten die Klassenfahrten. Seit die Zeiten längst vorbei sind, in denen die Reise in die Jugendherbergen der Mittelgebirge ging, und seitdem man auch die Metropolen Europas hinter sich hat, tauchen neue verlockende Ziele auf. Warum sollte die Klassenfahrt nicht einmal ins Reich der moralischen Unschuld führen, wo man den Ethikunterricht gründlich vergessen kann? Zum Beispiel auf eine Insel in der Südsee, so wie sich vor 350 Jahren dem französischen Weltumsegler Bougainville Tahiti in paradiesischer Natürlichkeit und Schönheit dargeboten hat. Hier gab es weder Zivilisationskrankheiten noch religiösen Eifer, sondern die Menschen lebten zufrieden im Einklang mit der Natur. Rousseaus Bild vom Naturzustand schien Wirklichkeit geworden zu sein. Das jedenfalls war der erste Eindruck Bougainvilles und seiner Mannschaft, die nach anfänglichem Zögern ihre moralischen Bedenken über Bord warfen und den Verlockungen eines natürlichen Lebens willig nachgaben.

Ich stelle mir vor: Der Ethiklehrer sitzt nach der Schule im Sessel und gibt sich bei der Lektüre von Bougainvilles *Reise um die Welt* seinen Träumen hin. Dabei tauchen die Bilder Gauguins vor seinen Augen auf, der

200 Jahre nach Bougainville auf Tahiti noch einmal den Traum vom unschuldigen Leben fernab der europäischen Zivilisation zu verwirklichen suchte. Der Ethiklehrer erinnert sich aber auch, dass Gauguins Suche nach den Ursprüngen ein tragisches Ende genommen hat, und dass seine Bilder die Einflüsse der europäischen Kunst nicht verleugnen können. Selbst auf einer noch so einsamen Insel wird man also die alten Denkformen nicht los, und so wird es schließlich auch dem Ethiklehrer ergehen, der auf der Klassenfahrt in der Südsee strandet.

Zunächst allerdings ist die Klasse begeistert. Endlich kann jeder tun und lassen, was er will. Die Pflichten des Schulalltags sind in unbestimmte Ferne gerückt. Vielleicht müssen sie für immer auf der Insel bleiben, so dass sich niemand Zwang anzutun braucht. Ein zu schöner Traum, um wahr zu sein. Denn selbst, wenn die Lebensumstände auf der Insel paradiesisch sein sollten, wenn das Klima günstig und die Nahrung reichlich ist, wird es bald Situationen geben, in denen die Begeisterung für den Naturzustand, wie Rousseau ihn schildert, ein Ende hat. Nämlich spätestens dann, wenn die Mädchen mit ihren körperlichen Reizen zu kokettieren beginnen und die Jungen anfangen, in Aufruhr zu geraten. Wie wenig man auf die natürliche Güte des Menschen bauen kann, wird noch deutlicher, wenn die ersten Taifune über die Insel rasen und die Lebensmittel knapper werden. Einige beanspruchen die wenigen Früchte vom Brotfruchtbaum für sich und machen das Recht des Stärkeren geltend. Spannungen und Streit lassen den Ethiklehrer dann eher an den Satz von Thomas Hobbes denken, der Mensch sei des Menschen Wolf.

Zu diesem Zeitpunkt kommt der Lehrer nicht mehr umhin, die Schüler an die zu Hause geltenden moralischen Prinzipien zu erinnern. Dabei mag ihm Kant eine

Hilfe sein, der es für eine moralische Pflicht hält, dass Menschen aus dem Naturzustand in einen republikanisch verfassten Rechtszustand eintreten. Das Problem ist nur, dass es für die auf der Insel versprengte und von der übrigen Welt isolierte Schar keine Zwangsmittel gibt, das Recht durchzusetzen. Wenn sich der Ethiklehrer nicht als Sheriff aufspielen möchte, bleibt ihm nichts anderes übrig, als an die moralische Verantwortung aller Beteiligten zu appellieren. Aber der Erfolg ist ungewiss, zumal dann, wenn sich die Lebensbedingungen verschlechtern. »Not kennt kein Gebot«, das alte Sprichwort, das sich in extremen Lagen immer bewahrheitet, geht ihm nicht aus dem Sinn. Damit verschiebt sich die ethische Frage ins Prinzipielle. Gibt es moralische Grundsätze von universeller Gültigkeit, an die sich die Gestrandeten halten müssen, oder richtet sich die Moral nach den besonderen Lebensumständen? Und wenn dem so ist, welcher Ethik soll man dann folgen? Der antiken Tugendethik, die Sklaverei nicht ausschließt, oder dem modernen Utilitarismus, der das allgemeine Glück zum Prinzip moralischen Verhaltens macht?

Die Relativität moralischer Normen ergibt sich nicht nur aus den Umweltbedingungen, sondern auch aus der Zahl der Menschen. Auf einer von der Außenwelt abgeschnittenen Insel können sich für eine kleine Gruppe von Menschen nur moralische Grundsätze bewähren, die den Nahbereich betreffen. Wo jeder jeden kennt und jeder auf jeden angewiesen ist, herrschen andere Gesetze als in einer anonymen Großstadt. Der Lehrer sieht sich vor das Problem der Bewältigung eines genau spezifizierten Zustands gestellt, der sich vom hypothetischen Natur- oder Urzustand zudem noch dadurch unterscheidet, dass die Teilnehmer ein historisch hoch entwickeltes Bewusstsein mitbringen, das man nicht innerhalb kurzer

Zeit ablegen kann. Die klassischen Naturzustandslehren von Thomas Hobbes über Jean Jacques Rousseau bis John Rawls, die den Ausgangspunkt immer schon im Hinblick auf das gewünschte Ergebnis idealtypisch konstruieren, helfen dem Lehrer wenig. Zunächst muss er dafür sorgen, dass die Schüler und er selbst überleben. Das schließt im Notfall Zwangsmaßnahmen nicht aus. Wenn es so eng wird, dass nicht alle überleben können, wer soll dann über Leben und Tod entscheiden? Ist es erlaubt, im Extremfall die Geopferten auch zu verspeisen? Ein Gedanke, der dem Lehrer den Appetit verdirbt.

Der Schiffbruch wirft eine Reihe von Fragen auf, auf die eine Antwort gefunden werden muss, bevor es zu der Verwilderung kommt, in die William Golding im *Herr der Fliegen* seine gestrandeten Schuljungen verfallen lässt. Zum Glück besteht die Hälfte der Klasse aus Mädchen, so dass das Abenteuer etwas zivilisierter abzulaufen verspricht. Allerdings ist sich der Lehrer nach allem, was er vor der Reise über die Veränderungen der Sexualmoral gelesen hat, nicht mehr ganz sicher, ob das ihm vertraute Rollenverständnis der Geschlechter noch Gültigkeit besitzt. Muss er in Zukunft zwischen einer männlichen und einer weiblichen Ethik unterscheiden? Glücklicherweise hat er während der gesamten Zeit auf der Insel keine Veranlassung gehabt, über diese Frage nachzudenken. Eine tröstliche Erfahrung.

Unter den wenigen Dingen, die der Lehrer auf die Insel gerettet hat, befindet sich ein Kugelschreiber und ein Schreibheft, so dass er Tagebuch führen kann. Dabei bleibt er seiner alten Gewohnheit treu, neben Fakten mehr Gedanken und weniger Gefühle zu Papier zu bringen. Hier einige Ausschnitte, die den Lernprozess dokumentieren, den der Lehrer mit seinen Schülern auf der Insel durchgemacht hat:

Es müssen schon Wochen vergangen sein. Am Horizont bewegt sich nichts. Das Wetter ist immer noch diesig, aber wir kommen mit den Umständen besser zurecht. Zum ersten Mal kann ich mir über unsere Lage Gedanken machen: Zu Hause bin ich immer davon ausgegangen, dass das moralisch Gute eine Eigenschaft von Personen und deren Handlungen ist, die sich ebenso objektiv bestimmen lässt wie Eigenschaften von Gegenständen. Ethische Theorien thematisieren demnach eben diese Eigenschaft mit dem Ziel ihrer Verbesserung. Nun wird mir klar, dass vor der inhaltlichen Bestimmung des Guten die Frage zu beantworten ist, was das Prädikat »gut« überhaupt bedeutet. Denn die Situation zeigt, dass das Ethische auch eine Funktion der Bedingungen ist, unter denen wir leben. Moralischer Geltungsanspruch erfordert also die Klärung der Vorfrage nach der Bedeutung des moralisch Guten, wie sie George E. Moore in seinen »Principia Ethica« aufs Programm gesetzt hat.

Es ist Sommer geworden, die Badefreuden lassen uns die Situation erträglicher erscheinen, und die Schüler benehmen sich friedlicher. Hieran kann man sehen, wie eng Moral und Lebensbedingungen miteinander zusammenhängen. Von der antiken Tugendethik bis zur Diskursethik der Gegenwart lässt sich zeigen, wie ethische Theorien ein Spiegel ihrer Zeit sind, sich aber keineswegs auf ihre bloße Abbildung beschränken. Sie bieten vielmehr Auslegungen der sozialen Verhältnisse an, die es dem einzelnen Menschen ermöglichen, sich darin zurechtzufinden und an ihrer Verbesserung mitzuarbeiten. Moralische Vorschriften entspringen immer einem Prozess der Idealisierung der Lebenswirklichkeit, mit dem doppelten Ziel, die Menschen mit ihr zu versöhnen und sie zugleich kritisch zu hinterfragen. Aufgabe der Ethik ist es, diesen doppelseitigen Prozess der Wendung von der Wirklichkeit zur Idee zu rekonstruieren.

Die Zeit wird lang, und die wachsende Ungeduld führt zu unerwarteten Gefühlsausbrüchen. Die Diskussion dreht sich immer häufiger um die Frage, ob und wann Rettung zu erwarten ist. Durch die schwierige Lage werden Zweifel an der Allgemeinverbindlichkeit moralischer Normen laut. Vieles spricht für eine pluralistische Ethik, die jedoch keineswegs Beliebigkeit beinhalten darf. Ein moralisches »anything goes« lässt sich selbst hier auf der Insel nicht halten. Durch unser historisches Bewusstsein haben wir die Unschuld verloren, wieder ganz von vorn anfangen zu können. Auch ein noch so dicht gewebter »Schleier des Nichtwissens« kann uns nicht vergessen lassen, dass wir mit einem Begriff von Humanität aufgewachsen sind, der uns verpflichtet. Der Druck der Lebensverhältnisse ist so groß, dass sich unsere Vorstellungen vom Glück allmählich wandeln. Nur muss jedem klar sein, dass auch das persönliche Glück ohne Zustimmung der anderen auf die Dauer nicht zu haben ist. Daher achte ich darauf, dass der Wertewandel nicht zum Rückfall in die Barbarei führt. Den Kategorischen Imperativ habe ich durch meinen pragmatischen Imperativ ersetzt, der da lautet: »Leben und leben lassen!« Solange sich alle daran halten, ist die Gefahr gering, dass wir nun auch noch geistig Schiffbruch erleiden.

Aus den fragmentarischen Tagebuchaufzeichnungen lässt sich das Abenteuer rekonstruieren, das der Ethiklehrer mit der Klasse auf der einsamen Insel bestanden hat. Zunächst will die Vorfrage nach der Bedeutung von »gut« beantwortet sein (I). Sodann beschäftigt der historische Relativismus die Geister (II). Der Schiffbruch endet mit dem pragmatischen Imperativ, dessen Befolgung eine konkrete Vorstellung davon vermittelt, wie allgemeines Glück aussehen kann (III).

I

Principia Ethica: die moralische Vorfrage

Es macht mir ein heimliches Vergnügen zu sehen, in welche Not der Ethiklehrer gerät, seit ihm der feste Boden der Schule und des Stundenplans fehlt. Statt die im Lehrplan angeführten ethischen Systeme nacheinander durchsprechen zu können, muss er sich die Frage stellen, unter welchen Bedingungen und aufgrund welcher Überlegungen man überhaupt zur Ausarbeitung einer Ethik kommt. Das wirft die Vorfrage nach der Bedeutung des Ausdrucks »moralisch gut« auf, die der englische Moralphilosoph George E. Moore in seinen *Principia Ethica* als fundamentale Frage der Ethik bezeichnet. Noch bevor man darangeht, zu bestimmen, welche Zustände oder Handlungen moralisch gut sind, hält es der Analytiker für unerlässlich, die Frage nach der Bedeutung des Ausdrucks vorzuschalten. Darin sieht er einen Weg, das zu vermeiden, was er »naturalistischen Fehlschluss« nennt, an dem, wie Moore zeigen kann, nicht nur hedonistisch und biologistisch ausgerichtete Ethiken leiden, sondern auch die metaphysischen Ethiken, die moralisches Verhalten an der Wirklichkeit eines übersinnlichen Reichs der Zwecke messen. Diesen Fehler vermutet Moore auch bei Kant, der trotz seines logischen Formalismus den Fallstricken der Ontologie nicht wirklich entgangen ist.

Sicherlich ist die einsame Insel nicht der rechte Ort, sich mit einer detaillierten Exegese der *Principia Ethica* abzugeben. Eine Bibliothek steht dem Schiffbrüchigen für die Schaffung einer moralischen Ordnung nicht zur Verfügung, so dass er sich an das halten muss, was ihm vom Studium Moores im Gedächtnis geblieben ist.

Dazu gehört sicherlich, dass das Adjektiv »gut« laut Moore eine Eigenschaft von Handlungen bezeichnet, die mit keiner natürlichen, d. h. in Raum und Zeit existierenden Eigenschaft identifiziert werden kann. So weit, so gut. Zweifel allerdings kommen dem Ethiklehrer hinsichtlich der Auffassung Moores, »gut« sei der Name einer einfachen, nicht definierbaren Eigenschaft, so wie »gelb« eine Farbqualität bezeichnet, die sich nicht auf physikalische Größen reduzieren lässt. Trotz aller Anstrengungen will es dem Ethiklehrer, der auf der Insel das Gelb der tropischen Blüten klar vor Augen hat, nicht gelingen, zur Intuition des Guten vorzustoßen. So regt sich der Verdacht, dass es mit der Einfachheit des Guten nicht so weit her sein könne. Statt sich vergeblich um eine Wesensschau zu bemühen, entschließt sich der Ethiklehrer, die moralische Bedeutung von »gut« von der pragmatischen Bedeutung des Wortes abzugrenzen.

Damit die Klasse auf der Insel überleben kann, müssen sich die Gestrandeten zunächst um das bemühen, was diesem Zweck dient. Nahrung, Unterkunft und Werkzeuge, werden alle als »gut« im Sinne von »genießbar« oder »brauchbar« bezeichnet. Die Zweckdienlichkeit oder Situationsangemessenheit ist also der erste Maßstab, nach dem wir Dinge als »gut« bezeichnen. Das gilt natürlich auch für Handlungen, sofern sie dem praktischen Zweck des Überlebens dienen. »Moralisch gut«, so erinnert sich der Ethiklehrer, soll demgegenüber eine Qualität bezeichnen, die sich nicht durch den Bezug auf einen bestimmten Zweck definieren lässt. In diesem Sinne unterscheidet die Ethik streng zwischen »für etwas gut« und »an sich gut«, eine Unterscheidung, deren Fragwürdigkeit in der Grenzsituation des Schiffbruchs mit Händen greifbar wird. Wo die Not am größten ist, ist das Rettende am nächsten, aber freilich nicht im Sinne der Offenbarung eines Absoluten, sondern in Form der Einsicht in die unaufhebbare Bedingtheit der menschlichen Existenz und der Notwendigkeit, auf die Bedingungen angemessen zu reagieren. Die Lehre der Insel lautet deshalb: Etwas »an sich« Gutes gibt es nicht. »Gut« ist immer ein Relationsbegriff; auch das moralisch Gute bleibt ein »für etwas« Gutes.

Das besagt natürlich nicht, dass es zwischen dem instrumentell und dem moralischen Guten keinen Unterschied gibt. Eben diesen Unterschied herauszuarbeiten, ist der Sinn der Vorfrage. Moores Antwort, das Gute sei ein idealer Gegenstand, so wie beispielsweise die Zahl, genügt nicht. Denn wenn die Idealität nicht platonisch als Existenz überzeitlicher Bedeutungseinheiten verstanden werden soll, was Moore selbst ausdrücklich ausschließt, muss die Idealität funktional bestimmt werden. Wenn das Gute mehr ist als ein Mittel zur Erfüllung eines bestimmten Zwecks, kann dieser Mehrwert nur in der Totalität des Bezugsrahmens liegen, an dem das Gute gemessen wird. Diesen Bezugsrahmen bezeichnen wir als »Lebensform« oder kurz als »Leben«, wobei Leben mehr umfasst als bloßes Überleben, nämlich die Erfüllung emotionaler und intellektueller Bedürfnisse und Erwartungen, die das ausmacht, was wir als »gelungenes Leben« bezeichnen.

Die Totalität einer Lebensform tritt hier an die Stelle der Überzeitlichkeit, die von der metaphysischen Ethik in Anspruch genommen wird. Das ist der Punkt, an dem auch Moore den Gestrandeten etwas zu sagen hat, indem er die »organische Ganzheit« als ethischen Leitbegriff ins Spiel bringt. Er stützt sich auf die zeitgenössische Gestaltpsychologie, der zufolge ein Ganzes mehr oder etwas qualitativ anderes ist als die Summe seiner Teile. Diese Einsicht, die den Ethiklehrer im Seminar ziemlich unberührt gelassen hat, erleben auf der Insel nun alle als moralische Aufgabe. Denn es kommt nicht nur darauf an, Früchte und Holz zu sammeln, sondern auch ein Ambiente herzustellen, mit dem sich die Einzelnen identifizieren können. Selbst wenn die Aussichten auf baldige Rettung gering sind, muss man eine Lebensperspektive aufbauen, die den Einzelnen vor der Verzweiflung bewahrt. Hier liegt der Anfang der Moral, der auch schon das Ende ist, da die Totalität des Lebens immer eine vorgestellte ist, unsere ganze Geschichte, die wir erst nach überstandenem Abenteuer überblicken können. »Moralisch gut« erweist sich somit als Relationsbegriff und zugleich als Grenzbegriff, der die unhintergehbare Situationsgebundenheit der menschlichen Existenz zum Ausdruck bringt.

Aus dieser Bedeutungsfestlegung folgt ein wesentlicher Unterschied zwischen der Beurteilung nach technischen und nach moralischen Normen. Die Erfüllung einer technischen Norm kann man objektiv feststellen und sich dabei gleichgültig verhalten. Wer dagegen eine Handlung als moralisch gut einstuft, der befürwortet automatisch die Erfüllung der Norm und bezieht sie auf sein eigenes Leben. Darin gleicht das moralische dem ästhetischen Urteil, so wie es Kant analysiert hat. Demzufolge sagt das Prädikat »schön« nichts qualitativ Bestimmtes über den Gegenstand aus, sondern bezeichnet ein Gefühl des Urteilenden. Das Gefühl entzündet sich aber nicht an der Existenz des dargestellten Sujets (z. B. ein Akt), sondern an der Form der Darstellung. Das schöne Objekt bzw. das Kunstwerk, das ich schön finde, löst, wie Kant sich ausdrückt, ein »interesseloses Wohlgefallen« aus.

Diese Deutung darf allerdings nicht als reiner Subjektivismus missverstanden werden. Das Prädikat »schön«

bezeichnet natürlich auch eine Beschaffenheit des Objekts, welche unsere subjektive Reaktion auslöst. Daher verbinden wir mit unserem ästhetischen Urteil einen objektiven Anspruch. Allerdings bereitet uns die Einlösung dieses Anspruchs oft Schwierigkeiten. Wenn unser ästhetisches Urteil auf Widerspruch stößt, können wir keinen logisch zwingenden Beweis für unser Urteil anführen. Hier hilft uns letztlich nur die Einsicht, dass sich über Geschmack nicht streiten lässt.

Vergleicht man damit die Bedeutung des Prädikats »gut«, so sieht es ähnlich aus. »Gut« ist ein Prädikat, mit dem wir einen Absolutheitsanspruch verbinden, den wir trotz des Mangels an objektiver Begründung nicht aufzugeben bereit sind. Ja mehr noch: Wir treten tatkräftig dafür ein, damit das Wirklichkeit wird, was wir als moralisch gut erachten. Für die Schönheit mögen die Künstler sterben, für das Gute hingegen opfert sich auch der normale Mensch. »Das Leben ist der Güter höchstes nicht« lautet Schillers Formel für diesen Sachverhalt.

Der Unterschied ergibt sich daraus, dass das Gute die Wirkung von Handlungen betrifft, die jeden als verletzliches Wesen mehr angeht als die bloße Form von Gegenständen. Vor einem schlechten Bild kann ich die Augen schließen, eine böse Tat dagegen kann ich durch Wegsehen nicht aus meinem Bewusstsein tilgen. Im moralischen Urteil steht mehr auf dem Spiel als im ästhetischen Urteil, nämlich die Existenz einer bestimmten Art von Handlungen. Wenn ich eine Handlung als gut bezeichne, stimme ich ihr zu, auch wenn ich dadurch Einschränkungen in Kauf nehmen muss. Sicherlich macht die Tatsache, dass etwas unter Verzicht auf eigenes Glück von mir gewollt wird, nicht den ganzen Inhalt des Prädikats »gut« aus. Die subjektive Seite liefert aber ein

Die sozialen Grundlagen der Moral

Kriterium, mit dem wir die objektiv nicht restlos begründbare Idealität des Guten erkennen.

Mit der Beantwortung der Vorfrage nach der Bedeutung von »gut« dürfte der Weg zum Aufbau einer moralischen Ordnung geebnet sein. Die Idee des Guten bleibt eine Frage, die sich nicht allein theoretisch, sondern nur in Bezug auf ihre lebenspraktische Relevanz beantworten lässt. Das besagt, dass das Ethische dem Leben verbunden bleiben muss, sonst wird es fragwürdig. Wie das Ethische mit der Lebensform zusammenhängt, und nach welchen Prinzipien das Ethische aus dem Leben erwächst, das erfordert freilich weitere Überlegungen, die ich meinem gestrandeten Ethiklehrer vorerst ersparen möchte. Denn der abstrakte Universalismus, mit dem er an der Universität vertraut gemacht worden ist, lässt sich auf der Insel nur schwer realisieren. Der »Schleier des Nichtwissens« kann den Zwang der Situation nicht aufheben. Das führt aber nicht zwangsläufig in einen ethischen Naturalismus. Selbst wenn auf der Insel die Not das Leben aller gefährdete, wäre die Tötung einiger zur Rettung der anderen moralisch nicht akzeptabel.

Was vor der drohenden Verrohung bewahren kann, ist die Erinnerung an die Werte, die in der Schule alle für selbstverständlich hielten. Hier kann der Ethiklehrer erkennen, was ihm zu Hause manchmal zu entgleiten drohte: nämlich die Bedeutung seiner Aufgabe. Sie besteht in nichts Geringerem als in der Bewahrung eines Bewusstseinszustands durch Arbeit am ethischen Gedanken. Was unter normalen Umständen gelegentlich als überflüssig erscheinen mag, erweist sich in Grenzsituationen als einzige Rettung. Freilich hilft dabei nicht das Buch- und Schulwissen, sondern nur dessen Transformation in eine Überzeugung, die selbst die Rabiatesten zögern lässt, sich Opfer zu suchen und sie zu massakrieren.

Es ist richtig, dass Not kein Gebot kennt, aber die Aufgabe der moralischen Erziehung ist darin zu sehen, mit der materiellen Not die geistige Not nicht so groß werden zu lassen, dass das Bewusstsein aussetzt. Das Ethische besteht demnach darin, auch in der Not die Gebote zur Geltung zu bringen, die für uns ein gutes Leben ausmachen. Moralisches Bewusstsein ist nicht absolut, es ist aber auch nicht gänzlich relativ. Es bewegt sich vielmehr zwischen den Anforderungen der Situation und den Idealen, die unser Denken und Fühlen bestimmen. Hier kommen einfache Formen der Konfliktlösung zur Geltung, die der Ethiklehrer kennen muss, um mit der Situation, in der er sich nach dem Schiffbruch mit der Klasse befindet, zurechtzukommen.

II

Die Konstruktion von Moral

Das Schicksal ist den Gestrandeten günstig. Eine lange Periode schöner Tage bricht an, die dem Ethiklehrer Gelegenheit geben, in Ruhe die Geschichte der ethischen Systeme vor seinem geistigen Auge Revue passieren zu lassen. Worauf er sein Augenmerk richtet, ist freilich nicht eine akademische Systemgeschichte, sondern eine Problemgeschichte, die erkennen lässt, in welchen Denkformen das Ethische unter den wechselnden Lebensbedingungen des europäischen Geistes entstanden ist. Seine Aufmerksamkeit gilt also den Stilisierungen der realen Lebensverhältnisse, durch die Menschen ihr gesellschaftliches Sein als moralisches Sollen erfahren haben. Das lässt sich idealtypisch an den drei großen Epochen der europäischen Geistesgeschichte veranschaulichen: Antike, Neuzeit und Moderne.

Bei der Vorstellung des ethischen Typus der Epochen kann sich der Ethiklehrer an die gängigen Bilder halten, die ihm aus der Tradition vertraut sind. Denn hier kommt es weder auf historische Genauigkeit noch auf die Problematik der Epochenbegriffe an, sondern darauf, Grundformen der Entstehung des Sollens aus dem gesellschaftlichen Sein zu entwickeln. Für die antike Tugendethik der klassischen Periode kann man sagen, dass sie der Lebensform der griechischen Polis entspricht. Die Ethik der Neuzeit dagegen, wie sie insbesondere durch Kant vertreten wird, spiegelt die sich formierende bürgerliche Gesellschaft in den konstitutionellen Monarchien. Die Moderne schließlich erzeugt einen ethischen Pluralismus, dessen Typus dem Liberalismus der sich neu etablierenden ökonomischen Ordnung des 19. Jahrhunderts angemessen ist. In allen drei Epochen kann man das Ethische somit als Funktion elementarer Sozialverhältnisse deuten. Die moralische Ordnung ist jeweils Resultat eines Idealisierungsprozesses, in dem die bestehenden gesellschaftlichen Verhältnisse ihrer Zufälligkeit entkleidet und als Ganzheiten gedacht werden, als Möglichkeitshorizonte, die als Regulative der moralischen Lebenswirklichkeit fungieren.

Die antike Ethik der klassischen Periode, wie sie Platon und Aristoteles in ihrer Metaphysik formuliert haben, ist dadurch gekennzeichnet, dass die Tugenden ihre Geltung aus dem Rahmen der staatlichen und schließlich der kosmischen Ordnung beziehen. In der Hierarchie der Ordnungen ist der Einzelne durch den Platz definiert, der ihm durch Geburt zugewiesen ist. Der Spielraum, in dem sich das Individuum entfalten kann, ist entsprechend eng. Sein Verdienst beschränkt sich auf das Einhalten der rechten Mitte. Die Tatsache, das dieses Weltbild nur von kurzer Dauer war und von den hellenistischen Philosophenschulen verdrängt wurde, lässt darauf schließen, dass es seine Entstehung einer Kategorie verdankt, die dem einsetzenden Wandel der politischen und gesellschaftlichen Verhältnisse nicht standhalten konnte. Es ist die Kategorie der Erweiterung, nach der das Weltbild nichts anderes ist als eine Projektion der sozialen Verhältnisse des Nahbereichs in den Fernbereich. Die Erweiterung ist aber mehr als eine quantitative Ausdehnung, sie erzeugt eine qualitative Änderung, die in der Umkehrung der Aktionsrichtung besteht. Die Ausdehnung der elementaren Sozialverhältnisse der griechischen Polis zu einem umfassenden Weltbild tritt den Bürgern als Forderung entgegen, das Weltbild durch ihre Lebensform zu bestätigen.

In der Ethik der Neuzeit lässt sich ein ähnlicher Mechanismus ausmachen. Auch sie verweist auf eine Stilisierung von Sozialverhältnissen, die denjenigen, die sich darin bewegen, nur selten zum Bewusstsein kommt. Als Prototyp dafür kann der Formalismus der Pflichtethik Kants gelten. Der Formalismus findet seinen Ausdruck im Vertragsgedanken, der bei Kant nicht nur dem Recht, sondern auch der Moral zugrunde liegt. Denn der gute Wille, der darin besteht, alle Maximen auf ihre Allgemeingültigkeit zu überprüfen, beruht auf einem Vertrag, den jeder mit sich selbst schließt. Das ist die juristische Formulierung der Selbstbestimmung, die nach Kant die Autonomie des moralischen Subjekts begründet.

Die Autonomie des Subjekts, die den archimedischen Punkt in Kants Ethik bildet, entspricht der zentralen Stellung des menschlichen Geistes in der Welt, die den neuzeitlichen Rationalismus ausmacht. Fragt man, wie der Geist zu dieser Vorzugsstellung gelangt, so lässt der Vertragsgedanke erkennen, dass hier die Denkform der Abstraktion am Werk ist. Das führt zu einer dialektischen

Die sozialen Grundlagen der Moral

Denkbewegung. Denn nur dadurch, dass man den Menschen seiner sozialen und psychischen Besonderheit weitgehend entkleidet, gelangt man zu der Totalität, die es dem autonomen Subjekt möglich macht, sich selbst zu bestimmen. Eine wahrhaft geniale Wendung vom Sein zum Sollen, die dem Kunststück Münchhausens gleichkommt, sich am eigenen Schopf aus dem Sumpf zu ziehen.

Die Moderne schließlich lässt eine dritte einfache Denkform erkennen, die dem ethischen Pluralismus Raum gibt. Diese Entwicklung deutet sich schon im 19. Jahrhundert bei John Stuart Mill an, dessen utilitaristische Ethik sich nicht mehr am Paradigma des Rechts, sondern an dem der Ökonomie orientiert. Das bedeutet für die Ethik das Ende des Absolutismus, da mit dem Konkurrenzgedanken der Kompromiss zur Leitidee aufsteigt. Das hat später dazu geführt, die moralische Rechtslehre als Theorie der Fairness auszuarbeiten, in der Regelbeherrschung zum tragenden Prinzip wird. Das gilt auch und umso mehr für die moderne Diskursethik, in der sich der Wandel der Ökonomie vom Warentausch zur Zirkulation der Zeichen spiegelt. Die Totalität liegt hier in der Geschlossenheit der Kommunikationssysteme, aus denen sich die virtuellen Welten der Informationsgesellschaft bilden. Der ethische Pluralismus wird somit zum Ausdruck der Befreiung von der Ontologie, die der Denkform der »Wechselwirkung« Raum gibt, wie sie Georg Simmel in seiner Soziologie beschrieben hat. Wechselwirkung ist die Kategorie, nach der sich auf allen Ebenen des gesellschaftlichen Lebens Korrelate bilden, die sich gegenseitig spiegeln, so dass Raum für einen Pluralismus geschaffen wird, ohne die Idee der Verpflichtung aufzuheben.

Endlich ist die gedankliche Basis erreicht, die der Ethiklehrer braucht, um auch auf der einsamen Insel die

Idee der Moralität Wirklichkeit werden zu lassen. Denn die Kategorie der Wechselwirkung kann ihm den Weg weisen, die divergierenden Erwartungen mit den Lebensbedingungen in einer Weise zu vermitteln, die von allen als befriedigend empfunden und akzeptiert wird. Wie das Resultat aussehen könnte, übersteigt die rein begriffliche Konstruktion und erfordert ein Maß an Phantasie, wie man es nur bei den Dichtern findet. Hier kann dem Ethiklehrer die Geschichte von Robinson als Vorbild dienen, da sie zeigt, wie ein Gestrandeter in der Lage ist, nicht nur physisch, sondern auch moralisch ein gutes Leben zu führen.

III

Der pragmatische Imperativ:
Leben und leben lassen!

Damit sind wir am Ende unserer Reise angelangt. Sie hat den Ethiklehrer ins Reich der Fiktion geführt. Es wäre allerdings falsch zu meinen, er hätte sich damit von der Wirklichkeit verabschiedet. Das Gegenteil ist der Fall. Die Wirklichkeit, und zumal die ethische, bekommt man nur in den Blick, wenn man aus dem toten Winkel seiner selbst heraustritt. Dafür bietet die Fiktion ein unverzichtbares Hilfsmittel. Das wussten die Dichter immer schon; aber selbst ein so trockener Moralphilosoph wie George Edward Moore hat in seinen *Principia Ethica* das relative Recht der metaphysischen Ethik in ihrer Nähe zur Fiktion gesehen: »Die metaphysische Konstruktion einer Wirklichkeit wäre darum für die Bedürfnisse der Ethik genauso brauchbar, wenn sie die bloße Konstruktion einer imaginären Utopie wäre. Vorausgesetzt, die vor Augen geführte Art von Ding ist dieselbe, so ist die Dichtung ebenso brauchbar wie Wahrheit, denn sie gibt uns Stoff, an dem wir Werturteile üben können.« (PE 178)

Wie richtig diese Einschätzung ist, wird erst deutlich, wenn man zwischen Phantasie und Fiktion begrifflich unterscheidet. Phantasie heißt das Mittel, mit dem wir, wenn es zu hart wird, aus der Wirklichkeit fliehen. Dabei bleibt die Phantasie ein unverbindliches Spiel, das an der Wirklichkeit nichts sichtbar macht. Im Unterschied zu vereinzelten Bildern der Phantasie lässt die Fiktion als spezifisch dichterische Form der Phantasie nach festen Regeln der Komposition neue Welten entstehen. Nur in der Fiktion wird die Totalität einer Lebensform sichtbar, der die moralische Verpflichtung entspringt.

Phantasie und Fiktion stimmen darin überein, dass sie beide Unwirkliches vorstellen. Der Unterschied liegt auf der Subjektseite. Denn so fiktiv die Phantasievorstellungen auch sein mögen, sie spiegeln immer den Zustand des Subjekts. Insofern ist der Phantasie ein Subjektivismus eigen, den sich Psychologen und Psychoanalytiker zunutze machen können. Die Fiktion dagegen ist immer schon eine Konstruktion und hebt sich als solche von der zufälligen und schwankenden psychischen Verfassung des Subjekts ab. Das macht die Fiktion zu einer eigenständigen Form der Idealisierung, die aus der Übereinstimmung resultiert, in der alle Teile einer fiktiven Welt miteinander stehen. Die Erzeugung einer in sich stimmigen Lebenswelt aber verbindet den Moralphilosophen mit dem Dichter. Beide wollen die Lebenswirklichkeit aufdecken. Der Unterschied liegt nur in der Form der Aufdeckung. Während der Dichter konkrete Lebenssituationen evoziert, hat sich der Moralphilosoph auf eine Strukturanalyse der Lebenswelt zu konzentrieren, um an den Stoff heranzukommen, aus dem moralische Werte sind.

Die Werte begründende Funktion der Fiktion liegt demnach darin, dass sie am Sichtbaren der Dichtung das Unsichtbare erscheinen lässt. Das Unsichtbare aber ist der Lebenshintergrund, vor dem die Handlungen ihre Bedeutsamkeit für den Menschen erlangen. Zur Tat gehört immer ein Leben, das niemals vollständig in Begriffe zu fassen ist, da es die Totalität der Lebenserfahrung repräsentiert. Das gilt umso mehr für moralische Wertungen, die nur in einem lebensweltlichen Kontext Verbindlichkeit beanspruchen können. An die Stelle eines so genannten ›dritten Reichs‹ überzeitlicher Werte tritt somit ein Erfahrungshorizont, der durch die Selbstverständlichkeit des Alltags meistens verdeckt wird. Wo er sich aber zeigt, wird der Mensch einer Utopie gewahr, die in ihm selbst und in den Vollzügen seines normalen Lebens liegt. Es ist freilich nicht die Utopie paradiesischer Endzustände, sondern die Utopie des Realen, die auf die Hoffnung baut, dass sich im Leben immer Wege finden lassen, die uns unseren Zielen näher bringen. Jede Ethik, wenn sie denn praktisch wirksam werden will, muss eine reale Utopie enthalten. Aus ihr resultiert für den Menschen die moralische Verpflichtung, die Versprechen einzulösen, die ihm das Leben gegeben hat.

Sicherlich kann die Verpflichtung, die dem normalen Leben eingeschrieben ist, keinen Anspruch auf Allgemeingültigkeit erheben. Es ist eine Verpflichtung ›für mich‹, bei der sich niemand sicher sein kann, aus rein moralischer Gesinnung zu handeln. Aus diesem Grund hat Kant in der Ethik den Weg des Formalismus gewählt. Auf diese Weise wollte er den Menschen davon entlasten, sich einen bestimmten Begriff vom eignen Glück machen zu müssen. Denn wer sich streng an den

Formalismus des Kategorischen Imperativs hält, braucht sich bei seinen moralischen Entscheidungen nicht darüber im Klaren zu sein, »was er hier eigentlich wolle« (GMS 418). Die Logik nimmt ihm die Arbeit der Selbsterfahrung ab.

Damit wollte sich Arthur Schopenhauer, der ansonsten Kant sehr verehrte, nicht mehr zufrieden geben. Da seine Welt von den grund- und ziellosen Trieben des Menschen beherrscht wird, reicht ihm die logische Widerspruchsfreiheit der Maximen zur moralischen Bestimmung des Willens nicht aus. Schopenhauer war sich des Abstands zu den Formalisten wohl bewusst, und er hat die sich daraus ergebende Konsequenz für den Menschen präzise formuliert: »Bei jenen will er, was er erkennt; bei mir erkennt er, was er will« (WWV 1,403). Die Erkenntnis vermittelt Schopenhauer durch ein ernüchterndes Bild der Welt, das er auf seinen Reisen durch Europa gewonnen hat und dessen Ausgestaltung die Szenarien vorwegnimmt, von denen die gesellschaftskritischen Romane des 19. Jahrhunderts voll sind.

Zur Erkenntnis des Willens verhelfen oft ungewöhnliche Lebensumstände, zu denen der Schiffbruch gehört. Erst unter dem Druck der Verhältnisse werden wir uns darüber klar, worin das Glück eines normalen Lebens besteht, und wir werden uns auch dessen bewusst, was es heißt, sich selbst einen Begriff vom Glück zu machen und danach zu leben. Kraft und Mut braucht man nicht nur für die Selbstbehauptung gegenüber anderen, sondern auch für die Selbstachtung, die bedroht ist, wenn man sich zu sehr von den eigenen Stimmungen abhängig macht. Erst und gerade die Anerkennung der Zufälligkeit und Hinfälligkeit der irdischen Existenz macht uns dafür empfänglich, dass man das Leben ohne Einbuße als moralische Aufgabe erleben kann. Unser Leben ist unser einziger Besitz, der in der Ausdehnung endlich, in der Intensität aber unendlich ist. So bleiben auch auf der einsamen Insel Lust und Erfolg Werte, die wir um eines guten Lebens willen erstreben.

Von dieser Einsicht geleitet, ist der Lehrer auf der Insel sehr behutsam, aber auch sehr bestimmt mit seinen Schützlingen umgegangen. Statt ihnen eine moralische Ordnung aufzuzwingen, hat er es ihnen überlassen, sich selbst eine Vorstellung von einem guten Zusammenleben zu machen. Dazu bedarf es keines Gesellschaftsvertrags und noch weniger eines »Schleiers des Nichtwissens«, wie ihn John Rawls in seiner *Theorie der Gerechtigkeit* ausbreitet. Im Gegenteil: Woran der Lehrer die Jugendlichen immer wieder erinnert hat, ist die Notwendigkeit, der Wirklichkeit unerschrocken ins Auge zu sehen. Trotz der schwierigen Lebensumstände haben seine Schüler ihre Fähigkeit und ihre Bereitschaft zu einer realistischen Einschätzung der Lage nie verloren und daraus moralische Kraft geschöpft. Auf diesen Erfolg kann der Lehrer stolz sein.

Wenn er seinen Schülern auch nicht allzu viel Wissen vermittelt hat, so ist es dem Lehrer doch gelungen, ihr Lebensgefühl zu stärken und ihnen die Kraft zu geben, Differenzen auszuhalten. Sein pragmatischer Imperativ lautet: Leben und leben lassen! Das hat ihn auch vor der platonischen Versuchung bewahrt, sich als Gründer eines moralischen Idealstaats aufzuspielen. Seine Rolle beschränkte sich darauf, die jungen Menschen an die elementaren Regeln zu erinnern, die man einhalten muss, damit sich jeder, soweit es die Lebensbedingungen erlauben, optimal entfalten kann. Die Regeln beruhen nicht auf Nächstenliebe, ein Ideal, das sich selbst für eine so kleine Gemeinschaft wie die Schulklasse als unrealistisch erwiesen hat. Es sind vielmehr die Regeln der

Die sozialen Grundlagen der Moral 155

Fairness, die auf dem Respekt vor der Stärke des anderen beruhen. Die Stärke des anderen, die Anerkennung findet, liegt in seinem Erfolgsstreben, zugleich aber darin, dass auch er sich in der Wahl seiner Mittel an die Regeln hält, die er von den Mitspielern erwartet.

Eine große Hilfe war dem Lehrer die Einhaltung symbolischer Formen der Kommunikation, welche die Illusion eines »herrschaftsfreien Diskurses« gar nicht erst aufkommen ließen. Was im Seminar so gut zu funktionieren schien, erwies sich auf der einsamen Insel als Hindernis auf dem Weg zum allgemeinen Glück. Denn gegenseitiger Respekt, der für ein friedliches Zusammenleben nötig ist, schließt den Wunsch ein, sich nicht rückhaltlos zu offenbaren. Nur wenn nicht jede innere Regung nach außen tritt, ist man bereit, sich vom anderen etwas sagen zu lassen und auf diese Weise von seiner Autorität zu profitieren. Gott sei Dank hat der Lehrer seinen Schülern nie das Du angeboten und sich zu unangemessener Verbrüderung hinreißen lassen! Die Schüler wussten das »Pathos der Distanz« zu würdigen. Alle bestanden auf Umgangsformen, in denen sich Nähe und Distanz die Waage hielten.

Am Anfang bildete sich eine Notgemeinschaft, und es hatte eine Zeit lang den Anschein, als sei ein dauerhaftes Kollektivbewusstsein entstanden. Das verflüchtigte sich jedoch schnell, sobald die Lebensbedingungen besser wurden. Allmählich schlugen die verschiedenen Charaktere wieder durch, und es trat das ein, was der Lehrer erwartet hatte: Nur die ausgeprägten Individuen waren zu wirklicher Solidarität fähig. Es entstanden neue Freundschaften zwischen Jugendlichen mit sehr verschiedenen Ansichten und Vorlieben. Mit Sorge und Mitleid hingegen betrachtete der Lehrer die Entwicklung einiger schwacher Charaktere, die große Reden schwangen, sich aber als unzuverlässig erwiesen und immer nur auf ihren Vorteil bedacht waren. Auch sein Vertrauen wurde gelegentlich missbraucht, und nicht immer ist es ihm leicht gefallen, darüber hinwegzusehen. Dann hat er es vorgezogen, den Kontakt auf das Nötigste zu beschränken. Allgemeines Glück lässt sich nicht erzwingen. Wie das, was zusammengehört, zusammenwachsen muss, sollte man das, was nicht zusammenpasst, getrennt lassen.

Im Laufe der Zeit haben sich die Schüler und Schülerinnen ihren Fähigkeiten und Interessen gemäß zu Gruppen zusammengeschlossen. Eine Gruppe ist an den Sandstrand gezogen, wo sie damit beschäftigt war, aus Stämmen ein großes Floß zusammenzuzimmern, in der Hoffnung, eines Tages in See stechen zu können. Andere haben die Südseite der Insel in Besitz genommen, wo sie, soweit es die Umstände erlaubten, Sprach- und Rollenspiele einübten, was ihnen viel Vergnügen bereitete und bei der Bewältigung der Lage ungemein half. An einem milden Sommerabend haben sie Shakespeares *Sommernachtstraum* bzw. das, was ihnen davon im Gedächtnis geblieben war, aufgeführt. In den Sand stand mit großen Lettern das Motto geschrieben: *Auf der Insel spielen wir alle Theater!* Nur selten kam es vor, dass jemand den Inselkoller bekam und durchdrehte.

Der Lehrer hatte sich in eine kleine Hütte auf den höchsten Punkt der Insel zurückgezogen. Vor dort aus konnte er manchmal beobachten, wie die Jungen hinter den Mädchen herliefen, und er musste über den Wettlauf der Geschlechter lachen. Natürlich gab es auch echte Liebespaare. Ansonsten konzentrieren sich die Kontakte zwischen den Gruppen jedoch hauptsächlich auf den Austausch des Nützlichen und Notwendigen, aber regelmäßig trafen sich alle beim Lehrer, um mit ihm über anstehende Probleme zu sprechen. Das endete

Die sozialen Grundlagen der Moral 157

meist mit der Frage: »Warum musste uns das passieren?« Darauf wusste der Lehrer nur eine Antwort: »Weil der verdammte Sturm kam und wir vergessen hatten, einen Kompass mitzunehmen.« Kopfschüttelnd zogen die Schüler dann ab, und der Lehrer rief ihnen nach: »So ist das Leben!« Die Wirklichkeit hatte die Klasse eingeholt.

Als im Jahr 2000 die Schiffbrüchigen endlich entdeckt wurden, stießen die Retter zunächst auf den Ethiklehrer, dem ein wilder Bart gewachsen war. Sie fanden ihn in die Lektüre eines Buches vertieft, des einzigen, das er neben seinem Tagebuch auf die Insel mitgebracht hatte. Die Retter wunderten sich, wie ein Erwachsener ein Kinderbuch – es war *Robinson Crusoe* – so spannend finden konnte. Durch sein Beispiel haben sie sich aber davon überzeugen lassen, dass *Robinson* ein Klassiker der Sozialethik ist, aus dem man mehr lernen kann als aus manchen theoretischen Büchern. Das Inselleben hat die Einstellung des Lehrers zu Büchern verändert. Die meisten gelehrten Abhandlungen, die auf der Universität hoch geschätzt wurden, hat er schnell vergessen. Denn diesen Büchern fehlt eine eigene Vision, die wir für ein besseres Verständnis der Wirklichkeit brauchen.

Ebenso ist das Menschenbild des Lehrers ein anderes geworden. Einige eher schüchtern und ängstlich wirkende Schüler haben ihn durch ihre unerwartete Solidarität und den Ernst, mit dem sie die Situation gemeistert haben, beeindruckt. Daraus hat er eine die Lehre gezogen, die Menschen nicht allein nach dem ersten Eindruck zu beurteilen. Auch sich selbst hat der Lehrer mit seiner Kritik nicht verschont. Ihm sind manche Verhaltensmuster bewusst geworden, die anderen den Umgang mit ihm sicherlich nicht einfach machen. Durch die Erfahrung auf der Insel fand er im Großen und Ganzen bestätigt, was sein Vater ihm einmal auf seine Frage, wie sich Menschen im Exil verhalten, geantwortet hatte: »Im Exil sind die Menschen nicht besser oder schlechter als in der Heimat; man sieht nur besser, wie sie wirklich sind.«

Der Abschied von der Insel, den alle herbeigesehnt hatten, fiel am Ende niemandem leicht. Denn alle spürten, dass sie ein so intensives Leben und Denken erfahren hatten, wie es Menschen nur noch selten zuteil wird. Zur Überraschung des Lehrers traten den Jungen die Tränen in die Augen, während die Mädchen gefasster blieben. Als alle auf Deck standen und einen letzten Blick auf die langsam entschwindende Insel warfen, rollten noch einmal die Stationen des Abenteuers wie im Zeitraffer vor dem geistigen Auge des Lehrers ab. Da wusste er, dass er vor einer neuen Klasse keine Angst mehr zu haben brauchte: *Non scholae, sed vitae discimus.*

Literaturhinweise

Aristoteles: Metaphysik. Übers. von H. Bonitz. Hrsg. von U. Wolf. Reinbek bei Hamburg 1994.
– Nikomachische Ethik. Übers. von E. Rolfes. Hrsg. von G. Bien. Hamburg 1985.
Baudelaire, Charles: Die Blumen des Bösen. Frz./Dt. Übers. und hrsg. von F. Kemp. München ²1987.
Bentham, Jeremy: Deontologie oder die Wissenschaft der Moral. 2 Bde. Leipzig 1834.
Bergson, Henri: Die beiden Quellen der Moral und der Religion. Übers. von E. Lerch. In: H. B.: Materie und Gedächtnis und andere Schriften. Frankfurt a. M. 1964. [Zit. als: MR.]
Bougainville, Louis-Antoine: Reise um die Welt. Hrsg. von K.-G. Popp. Berlin 1980.
Casanova, Giacomo: Geschichte meines Lebens. Bd. 4. Übers. von H. Sauter. Hrsg. von E. Loos. Berlin 1965. [Zit. als: GL 4.]
Dante Alighieri: Die Göttliche Komödie. Übers. von W. G. Hertz. München 1957.
Defoe, Daniel: Robinson Crusoe. Zürich 1992.
Dewey, John: Demokratie und Erziehung. Braunschweig 1964.
Epikur: Briefe, Sprüche, Werkfragmente. Griech./Dt. Übers. und hrsg. von H. W. Krautz. Stuttgart 1994.
Foucault, Michel: Die Sorge um sich. Übers. von U. Raulff und W. Seitter. Frankfurt a. M. 1989.
Französische Moralisten: La Rochefoucauld, Vauvenargues, Montesquieu, Chamfort. Übers. und hrsg. von F. Schalk. Zürich 1995.
Freud, Sigmund: Abriß der Psychoanalyse. In: S. F.: Gesammelte Werke. Chronologisch geordnet. Hrsg. von A. Freud. Bd. 17. London / Frankfurt a. M. 1946.

Frisch, Max: Stichworte. Ausgesucht von Uwe Johnson. Frankfurt a. M. 1975. [Zit. als: S.]

Gehlen, Arnold: Moral und Hypermoral. Eine pluralistische Ethik. Frankfurt a. M. 1973.

Gide, André: Der Immoralist. Übers. von G. Schlientz. In: A. G.: Erzählungen. Berlin ²1981. [Zit. als: IM.]

Golding, William: Herr der Fliegen. Frankfurt a. M. 1994.

Guyau, Jean-Marie: Die englische Ethik der Gegenwart. Übers. von A. Pevsner. Leipzig 1914. [Zit. als: EG.]

Heidegger, Martin: Sein und Zeit. Tübingen ¹⁶1986.

Die Heilige Schrift. Einheitsübersetzung. Komm. von E. Beck. Stuttgart 1984.

Hobbes, Thomas: Leviathan. Übers. von J. P. Mayer. Stuttgart 1995.

James, William: Der Pragmatismus. Ein neuer Name für alte Denkmethoden. Übers. von W. Jerusalem. Hrsg. von K. Oehler. Hamburg 1994.

Kant, Immanuel: Grundlegung zur Metaphysik der Sitten. In: I. K.: Werke. Akademie-Textausgabe. Bd. 4. Berlin 1968. [Zit. als: GMS.]

– Kritik der praktischen Vernunft. In: I. K.: Werke. Akademie-Textausgabe. Bd. 5. Berlin 1968. [Zit. als: KpV.]

– Die Religion innerhalb der Grenzen der bloßen Vernunft. In: I. K.: Werke. Akademie-Textausgabe. Bd. 6. Berlin 1968. [Zit. als: RV.]

– Mutmaßlicher Anfang der Menschengeschichte. In: I. K.: Werke. Akademie-Textausgabe. Bd. 8. Berlin 1968. [Zit. als: M.]

Lübbe, Hermann: Politischer Moralismus. Der Triumph der Gesinnung über die Urteilskraft. Berlin 1987.

MacIntyre, Alasdair: Der Verlust der Tugend. Zur moralischen Krise der Gegenwart. Frankfurt a. M. 1995.

Marcuse, Herbert: Triebstruktur und Gesellschaft. Frankfurt a. M. 1968.

Marquard, Odo: Abschied vom Prinzipiellen. Stuttgart 1981.

Literaturhinweise

Maugham, William Somerset: Fußspuren im Dschungel. In: W. S. M.:Gesammelte Erzählungen. Bd. 2. Zürich 1972. [Zit. als: F.]

Mill, John Stuart: Der Utilitarismus. Hrsg. von D. Birnbacher. Stuttgart 1985.

– Über die Freiheit. Hrsg. von M. Schlenke. Stuttgart 1991.

Moore, George Edward: Principia Ethica. Übers. und hrsg. von B. Wisser. Stuttgart 1995. [Zit. als: PE.]

Nietzsche, Friedrich: Zur Genealogie der Moral. In: F. N.: Sämtliche Werke. Kritische Studienausgabe. Hrsg. von G. Colli und M. Montinari. Bd. 5. München 1980.

– Jenseits von Gut und Böse. In: F. N.: Sämtliche Werke. Kritische Studienausgabe. Hrsg. von G. Colli und M. Montinari. Bd. 5. München 1980.

Noll, Peter: Diktate über Sterben und Tod. Mit der Totenrede von Max Frisch. München/Zürich 1988. [Zit. als: D.]

Pavese, Cesare: Das Handwerk des Lebens. Tagebuch 1935–1950. Übers. von Ch. Birnbaum. Frankfurt a. M. 1974. [Zit. als: HL.]

Platon: Protagoras. In: Platon. Sämtliche Werke. In der Übers. von F. Schleiermacher. Hrsg. Von W. F. Otto. Bd. 1. Hamburg 1957.

Rawls, John: Eine Theorie der Gerechtigkeit. Frankfurt a. M. 1995.

Rousseau, Jean-Jacques: Schriften zur Kulturkritik. Übers. und hrsg. von K. Weigand. Hamburg 1995.

Sade, Donatien-Alphonse-François, Marquis de: Die Philosophie im Boudoir. In: D.-A.-F. de S.: Ausgewählte Werke. Hrsg. von M. Luckow. Bd. 3. Frankfurt a. M. 1972.

Safranski, Rüdiger: Das Böse oder Das Drama der Freiheit. Wien 1997.

Schapp, Wilhelm: In Geschichten verstrickt. Zum Sein von Mensch und Ding. Frankfurt a. M. 1985. [Zit. als: GV.]

Scheler, Max: Der Formalismus in der Ethik und materiale Wertethik. Bern 1980.

Schiller, Friedrich: Sämtliche Werke. Berliner Ausgabe. Hrsg. von H.-G. Thalheim [u. a.]. Bd. 1: Gedichte. Berlin 1980.

Schopenhauer, Arthur: Sämtliche Werke. Bd. 1–2: Die Welt als Wille und Vorstellung. Frankfurt a. M. 1986. [Zit. als: WWV 1 und WWV 2.]

Simmel, Georg: Das individuelle Gesetz. Philosophische Exkurse. Hrsg. von M. Landmann. Frankfurt a. M. 1968.

Spinoza, Baruch de: Die Ethik, nach geometrischer Methode dargestellt. Übers. von A. Baensch. Hamburg 1994. [Zit. als: E.]

Taylor, Charles: Quellen des Selbst. Die Entstehung der neuzeitlichen Identität. Frankfurt a. M. 1996.

Weber, Max: Die protestantische Ethik und der Geist des Kapitalismus. Hrsg. von K. Lichtblau und J. Weiß. Frankfurt a. M. 1996.

Williams, Bernard: Ethik und die Grenzen der Philosophie. Hamburg 1999.

Wittgenstein, Ludwig: Gespräche. Aufgezeichnet von F. Waismann. In: L. W.: Werkausgabe. Bd. 3. Frankfurt a. M. 1967. [Zit. als: WWK.]

Zum Autor

FERDINAND FELLMANN, geb. 1939, Studium der Romanistik und der Philosophie in Münster, Gießen und Bochum (bei Hans Robert Jauß und Hans Blumenberg), 1967 Promotion, 1973 Habilitation; von 1980 bis 1993 Professor für Philosophie an der Westfälischen Wilhelms-Universität Münster, seit 1993 Professor für Philosophie und Wissenschaftstheorie an der Technischen Universität Chemnitz.

Wichtigste Buchveröffentlichungen: *Das Vico-Axiom: Der Mensch macht die Geschichte* (1976); *Phänomenologie und Expressionismus* (1982); *Gelebte Philosophie in Deutschland* (1983); *Phänomenologie als ästhetische Theorie* (1989); *Symbolischer Pragmatismus. Hermeneutik nach Dilthey* (1991); *Lebensphilosophie. Elemente einer Theorie der Selbsterfahrung* (1993); (Hrsg.) *Geschichte der Philosophie im 19. Jahrhundert* (1996); *Orientierung Philosophie. Was sie kann, was sie will* (1998).

Meinen Mitarbeitern Christian Junghans M. A. und Dr. Thomas Rolf sei für die Unterstützung bei der Arbeit an diesem Buch herzlich gedankt. F. F.

Deutsche Philosophie der Gegenwart

IN RECLAMS UNIVERSAL-BIBLIOTHEK

Dieter Birnbacher, Tun und Unterlassen. 389 S. UB 9392 – Verantwortung für zukünftige Generationen. 297 S. UB 8447

Hans Blumenberg, Ein mögliches Selbstverständnis 221 S. UB 9650 – Wirklichkeiten, in denen wir leben. 176 S. UB 7715 – Lebensthemen. 173 S. UB 9651

Günter Figal, Nietzsche. Eine philosophische Einführung. 293 S. UB 9752 – Der Sinn des Verstehens. 157 S. UB 9492

Kurt Flasch, Augustin. Einführung in sein Denken. 487 S. UB 9962 – Das philosophische Denken im Mittelalter. Von Augustin zu Macchiavelli. 720 S. UB 8342

Manfred Frank, Selbstbewußtsein und Selbsterkenntnis. Essays zur analytischen Philosophie der Subjektivität. 485 S. UB 8689 – Stil in der Philosophie. 115 S. UB 8791

Hans-Georg Gadamer, Die Aktualität des Schönen. Kunst als Spiel, Symbol und Fest. 77 S. UB 9844 – Der Anfang der Philosophie. 175 S. UB 9495 – Der Anfang des Wissens. 181 S. UB 9756

Gerhard Gamm, Der Deutsche Idealismus. 274 S. UB 9655

Lutz Geldsetzer, Die Philosophenwelt. In Versen vorgestellt. 306 S. UB 9404

Lutz Geldsetzer / Hong Han-ding, Grundlagen der chinesischen Philosophie. 328 S. UB 9689

Volker Gerhardt, Pathos und Distanz. Studien zur Philosophie Friedrich Nietzsches. 221 S. UB 8504 – Selbstbestimmung. Das Prinzip der Individualität. 463 S. UB 9761

Jürgen Habermas, Politik, Kunst, Religion. 151 S. UB 9902

Dieter Henrich, Bewußtes Leben, 223 S. UB 18010 – Selbstverhältnisse. Gedanken zu den Grundlagen der klassischen Philosophie. 212 S. UB 7852

Otfried Höffe, Den Staat braucht selbst ein Volk von Teufeln. Philosophische Versuche zur Rechts- und Staatsethik. 174 S. UB 8507

Paul Hoyningen-Huene, Formale Logik. Eine philosophische Einführung. 335 S. UB 9692

Bernulf Kanitscheider, Kosmologie. Geschichte und Systematik in philosophischer Perspektive. 512 S. UB 8025

Reinhard Knodt, Ästhetische Korrespondenzen. Denken im technischen Raum. 166 S. UB 8986

Hans Lenk, Macht und Machbarkeit der Technik. 152 S. UB 8989

Wolfgang Lenzen, Liebe, Leben, Tod. 324 S. UB 9772

Wolf Lepenies, Gefährliche Wahlverwandtschaften. Essays zur Wissenschaftsgeschichte. 165 S. UB 8550

Odo Marquard, Abschied vom Prinzipiellen. 152 S. UB 7724 – Apologie des Zufälligen. 144 S. UB 8351 – Skepsis und Zustimmung. Philosophische Studien. 137 S. UB 9334

Ekkehard Martens, Zwischen Gut und Böse. 222 S. UB 9635 – Die Sache des Sokrates. 160 S. UB 8823 – Philosophieren mit Kindern. 202 S. UB 9778

Günther Patzig, Tatsachen, Normen, Sätze. 183 S. UB 9986

Norbert Schneider, Erkenntnistheorie im 20. Jahrhundert. 334 S. UB 9702 – Geschichte der Ästhetik von der Aufklärung bis zur Postmoderne. 352 S. UB 9457

Joachim Schulte, Wittgenstein. Eine Einführung. 248 S. UB 8564

Walter Schulz, Vernunft und Freiheit. Aufsätze und Vorträge. 175 S. UB 7704

Roland Simon-Schaefer, Kleine Philosophie für Berenike. 263 S. UB 9466

Robert Spaemann, Philosophische Essays. Erweiterte Ausgabe 1994. 264 S. UB 7961

Holm Tetens, Geist, Gehirn, Maschine. Philosophische Versuche über ihren Zusammenhang. 175 S. UB 8999

Ernst Tugendhat, Probleme der Ethik. 181 S. UB 8250

Ernst Tugendhat / Ursula Wolf, Logisch-semantische Propädeutik. 268 S. UB 8206

Gerhard Vollmer, Biophilosophie. 204 S. UB 9396

Carl Friedrich von Weizsäcker, Ein Blick auf Platon. Ideenlehre, Logik und Physik. 144 S. UB 7731

Wolfgang Welsch, Ästhetisches Denken. 228 S. 19 Abb. UB 8681 – Grenzgänge der Ästhetik. 350 S. UB 9612

Philipp Reclam jun. Stuttgart

Klassische deutsche Philosophen des 20. Jahrhunderts

IN RECLAMS UNIVERSAL-BIBLIOTHEK

Theodor W. Adorno, Philosophie und Gesellschaft. Fünf Essays. Auswahl und Nachwort von Rolf Tiedemann. 196 S. UB 8005

Walter Benjamin, Sprache und Geschichte. Mit einem Essay von Theodor W. Adorno. 176 S. UB 8775.

Martin Heidegger, Der Ursprung des Kunstwerkes. Einführung von Hans-Georg Gadamer. 117 S. UB 8446 – Was heißt Denken? 80 S. UB 8805

Werner Heisenberg, Quantentheorie und Philosophie. Vorlesungen und Aufsätze. Hrsg. von Jürgen Busche. 126 S. UB 9948

Edmund Husserl, Die phänomenologische Methode. Ausg. Texte I. Hrsg. von Klaus Held. 299 S. UB 8084 – Phänomenologie der Lebenswelt. Ausg. Texte II. Hrsg. von Klaus Held. 304 S. UB 8085

Karl Jaspers, Über Bedingungen und Möglichkeiten eines neuen Humanismus. 3 Vorträge. Nachwort von Kurt Rossmann. 95 S. UB 8674

Helmuth Plessner, Mit anderen Augen. Aspekte einer philosophischen Anthropologie. 215 S. UB 7886

Max Scheler, Schriften zur Anthropologie. Hrsg. von M. Arndt. 314 S. UB 9337

Friedrich Waismann, Logik, Sprache, Philosophie. Hrsg. von Gordon Baker, Brian McGuinness und Joachim Schulte. 662 S. UB 9827

Max Weber, Politik als Beruf. Nachwort von Ralf Dahrendorf. 96 S. UB 8833 – Schriften zur Soziologie. Hrsg. von Michael Sukale. 427 S. UB 9387 – Schriften zur Wissenschaftslehre. Hrsg. von Michael Sukale. 276 S. UB 8748 – Wissenschaft als Beruf. Nachwort von Friedrich Tenbruck. 80 S. UB 9388

Philipp Reclam jun. Stuttgart

Ethik
Bände zur Diskussion

IN RECLAMS UNIVERSAL-BIBLIOTHEK

Biologie und Ethik. 12 Aufsätze. Hrsg. v. E.-M. Engels. 383 S. UB 9727

Birnbacher, Dieter: Tun und Unterlassen. 389 S. UB 9392 – Verantwortung für zukünftige Generationen. 297 S. UB 8447

Evolution und Ethik. 16 Aufsätze. Hrsg. v. K. Bayertz. 376 S. UB 8857

Mackie, John L.: Ethik. Die Erfindung des moralisch Richtigen und Falschen. A. d. Engl. übers. v. R. Ginters. 317 S. UB 7680

Medizin und Ethik. 17 Aufsätze und ein Dokumenten-Anhang. Hrsg. v. H.-M. Sass. 398 S. UB 8599

Ökologie und Ethik. 7 Aufsätze. Hrsg. v. D. Birnbacher. 254 S. UB 9983

Ökophilosophie. 9 Aufsätze. Hrsg. v. D. Birnbacher. 295 S. UB 9636

Pädagogik und Ethik. 20 Aufsätze. Hrsg. v. K. Beutler u. D. Horster. 309 S. UB 9456

Politik und Ethik. 16 Aufsätze. Hrsg. v. K. Bayertz. 464 S. UB 9606

Recht und Moral. Texte zur Rechtsphilosophie. Hrsg. v. N. Hoerster. 292 S. UB 8389

Singer, Peter: Praktische Ethik. A. d. Engl. übers. v. O. Bischoff, J.-C. Wolf u. D. Klose. 487 S. UB 8033

Technik und Ethik. 14 Aufsätze und ein Dokumenten-Anhang. Hrsg. v. H. Lenk u. G. Ropohl. 373 S. UB 8395

Tugendethik. 7 Aufsätze. Hrsg. v. K. P. Rippe u. P. Schaber. 218 S. UB 9740

Tugendhat, Ernst: Probleme der Ethik. 181 S. UB 8250

Wirtschaft und Ethik. 19 Aufsätze und ein Dokumenten-Anhang. Hrsg. v. H. Lenk u. M. Maring. 411 S. UB 8798

Wissenschaft und Ethik. 20 Aufsätze und ein Dokumenten-Anhang. Hrsg. v. H. Lenk. 413 S. UB 8698

Philipp Reclam jun. Stuttgart